# 《国家知识产权战略纲要》实施十年评估报告

《国家知识产权战略纲要》实施十年评估工作组　编写

知识产权出版社
全国百佳图书出版单位

**图书在版编目（CIP）数据**

《国家知识产权战略纲要》实施十年评估报告/《国家知识产权战略纲要》实施十年评估工作组编写．—北京：知识产权出版社，2019．5

ISBN 978－7－5130－6133－9

Ⅰ．①国…　Ⅱ．①国…　Ⅲ．①知识产权—评估—研究报告—中国　Ⅳ．①D923．404

中国版本图书馆 CIP 数据核字（2019）第 037442 号

**内容提要**

在《国家知识产权战略纲要》颁布实施十年之际，国务院知识产权战略实施工作部际联席会议组织开展知识产权战略实施十周年评估工作，旨在“以评估促发展、以评估促改革”，全面掌握国家知识产权战略实施的整体情况，形成对我国知识产权战略实施的客观评价。本书即为此次评估工作的成果之一，有助于社会各界分享本次评估的成果，了解我国实施知识产权战略以来所取得的成效和面临的挑战，增强对我国知识产权战略的关注，从而进一步推动战略实施工作。

**责任编辑**：李　琳　王祝兰　　　**责任校对**：谷　洋

**封面设计**：段维东　　　**责任印制**：刘译文

**《国家知识产权战略纲要》实施十年评估报告**

《国家知识产权战略纲要》实施十年评估工作组　编写

| | | | |
|---|---|---|---|
| **出版发行**： | 知识产权出版社有限责任公司 | **网　　址**： | http：//www. ipph. cn |
| **社　　址**： | 北京市海淀区气象路 50 号院 | **邮　　编**： | 100081 |
| **责编电话**： | 010－82000860 转 8555 | **责编邮箱**： | wzl@ cnipr. com |
| **发行电话**： | 010－82000860 转 8101/8102 | **发行传真**： | 010－82000893/82005070/82000270 |
| **印　　刷**： | 北京嘉恒彩色印刷有限责任公司 | **经　　销**： | 各大网上书店、新华书店及相关专业书店 |
| **开　　本**： | 787mm×1092mm　1/16 | **印　　张**： | 9. 75 |
| **版　　次**： | 2019 年 5 月第 1 版 | **印　　次**： | 2019 年 5 月第 1 次印刷 |
| **字　　数**： | 185 千字 | **定　　价**： | 80. 00 元 |

ISBN 978-7-5130-6133-9

**主　　编：** 申长雨

**副　主　编：** 贺　化

**执行主编：** 龚亚麟

**本书编写人员：** 邢怀滨　刘　洋　梁心新　谢　准　韦稼霖　闫　冬　邓益志　刘文鹏　刘伟升　郭　嘉

# 《国家知识产权战略纲要》实施十年
# 评估专家组

**组　长：**严隽琪

**成　员**（按姓氏笔画排序）：

王景川　方　新　田力普　付双建　吕　薇　朱　宇
邬贺铨　刘春田　李明德　杨　梧　吴汉东　何满潮
宋柳平　张　勤　张守攻　陈兆莹　周鸿祎　倪光南
凌　文　阎晓宏　董明珠　蒲长城　薛　澜

# 评估工作组

**组　长：**龚亚麟

**副组长：**张志成　邢怀滨

**成　员：**刘　洋　张有立　魏　然　崔海瑛　盛　莉　梁心新
谢　准　邓仪友　姬　翔　韦稼霖　闫　冬　刘伟升
邓益志　刘文鹏　郭　嘉

# 前　言

2008年6月5日，国务院颁布实施《国家知识产权战略纲要》（以下简称《纲要》），标志着国家知识产权战略正式实施。党的十八大以来，以习近平同志为核心的党中央统揽经济社会发展全局，把知识产权事业发展作为统筹推进“五位一体”总体布局和协调推进“四个全面”战略布局的重要方面。党的十八大报告指出，“实施知识产权战略，加强知识产权保护”。党的十九大报告强调，“倡导创新文化，强化知识产权创造、保护、运用”。习近平总书记多次就知识产权工作作出重要指示，指出“加强知识产权保护。这是完善产权保护制度最重要的内容，也是提高中国经济竞争力最大的激励。”“打通知识产权创造、运用、保护、管理、服务全链条。”李克强总理多次强调，知识产权是发展的重要资源和竞争力的核心要素。保护知识产权是实现创新发展的必然要求，保护知识产权就是保护创新、保护创新人才的热情。在新时代，知识产权的重要性更加凸显，知识产权战略在实施中不断深化，我国知识产权事业呈现出与时俱进的蓬勃发展态势。

在《纲要》实施十年之际，国务院知识产权战略实施工作部际联席会议（以下简称“联席会议”）组织开展《纲要》实施十年评估。本次评估的目的，一是审视过去。全面掌握知识产权战略实施进展和目标完成情况，客观评价战略实施以来我国知识产权创造、运用、保护、管理和服务等方面发生的变化，总结经验做法，及时发现存在的突出问题并剖析原因，以更好促进《纲要》任务目标完成。二是谋划未来。全面分析我国知识产权事业发展面临的国际国内形势变化，准确把握党的十九大对知识产权事业发展的新要求，提出在新时代加快建设知识产权强国的重大对策建议。

本次评估工作由联席会议负责总体组织和统筹协调，联席会议办公室负责具体组织实施。成立了由第十二届全国人大常委会副委员长严隽琪担任组长，24位高层次专家组成的评估专家组，对评估总体设计和专题评估、地方评估、国际咨询、公众调查等各环节的评估工作进行咨询指导。

本书的编写基于以下评估证据材料：一是31个联席会议成员单位的部门自查报告，二是31个省（区、市）和新疆生产建设兵团的地方评估报告，三是12个专题评估和2个专题研究报告，四是1份国际咨询报告和1份WIPO专家组的国际咨询报告，五是近万份企业、高校、科研院所和社会公众调查问卷统计报告，六是企业、高校、科研院所、知识产权服务机构、外资企业和机构参与的座谈调研纪要，七是3次总体专家组研讨会纪要。

本书的内容框架主要包括4个方面。一是知识产权战略实施总体评估：总体判断战略目标的实现情况，全面总结战略实施的成效与经验，分析战略实施中存在的突出问题。二是知识产权战略重点任务实施评估：将国家知识产权战略的重点任务归纳为创造、运用、保护、管理、服务、国际合作与发展、基础环境7个方面，并进一步分解为26个任务要点，对每个任务要点的实施情况逐一进行分析。三是分析研判新形势与新要求：面向未来，对我国知识产权战略面临的新形势与新要求进行分析研判，尤其关注十九大提出的新要求，新一轮科技革命与产业变革新趋势、全球竞争新态势等对我国知识产权事业的挑战。四是提出知识产权强国建设的对策建议：针对在新时代深入实施国家知识产权战略、完善知识产权制度、充分发挥知识产权促进经济社会高质量发展的作用，提出加快建设知识产权强国的对策建议。

本书由评估工作组编写完成。评估工作组由联席会议办公室（国家知识产权局）和联席会议主要成员单位人员、国家科技评估中心专业评估人员组成。本书的编撰得到了评估专家组的悉心指导，评估专家组先后3次召开专家研讨会，对主要评估观点和结论进行研讨。本书的编撰同时还得到联席会议各成员单位、各地方、各专题承担单位，以及相关单位和人员的大力支持，在此一并致以诚挚的谢意！书中疏漏之处在所难免，敬请读者批评指正！

本书编写组

2018. 10

# 摘　要

## 一、评估背景与目的

2008 年 6 月 5 日，国务院颁布《国家知识产权战略纲要》（以下简称《纲要》），标志着国家知识产权战略正式实施。党的十八大以来，以习近平同志为核心的党中央把握世界和中国发展新形势，作出了一系列富有远见卓识的战略部署。党的十九大进一步提出了强化知识产权创造、保护、运用的更高要求。在新时代，知识产权的重要性更加凸显，知识产权战略在实施中不断深化，我国知识产权事业呈现与时俱进的蓬勃发展态势。在《纲要》实施十年之际，国务院知识产权战略实施工作部际联席会议（以下简称“联席会议”）组织开展评估工作，旨在“以评估促发展、以评估促改革”，全面掌握国家知识产权战略实施整体情况，形成对我国知识产权战略实施的客观评价，为加快知识产权强国建设和创新型国家建设提供重大决策支撑。

本次评估的目的，一是审视过去。全面掌握知识产权战略实施进展和目标完成情况，客观评价战略实施以来我国知识产权创造、运用、保护、管理和服务等方面发生的变化，总结经验做法，及时发现存在的突出问题并剖析原因，以更好促进《纲要》任务目标完成。二是谋划未来。全面分析我国知识产权事业发展面临的国际国内形势变化，准确把握党的十九大对知识产权事业发展的新要求，提出在新时代加快建设知识产权强国的重大对策建议。

## 二、评估总体情况

### （一）战略目标总体实现情况

战略实施十年来，随着我国经济社会发展，知识产权事业呈现出与时俱进的蓬勃发展态势。我国各类知识产权数量大幅增加，迅速成为世界知识产权大国；知识产权保护力度不断加强，正在形成“严保护、大保护、快保护、同保护”的保护格局；知识产权运用成效显著，一批核心知识产权有力支撑了产业向高端迈进，知识产权交易、质押融资等日益活跃；知识产权管理和服务持续改善，体制改革取得了突破性进展；知识产权对外合作进一步扩大深化，国际影响力显著提高；全社会知识产权意识明显增强，尊重和保护知识产权的良好社会环境日渐形成。在目前可统计的 14 个知识产权指标中，计算机软件著作权登记量等 3 个指标已提前实现；PCT 专利申请量等 8 个指标预期可以实现；国内发明专利平均维持年限等 3 个指标预期实现有一定难度。综合判断，《纲要》提出的到 2020 年"把我国建设成为知识产权创造、运用、保护和管理水平较高的国家"这一目标已经基本实现，具备了向知识产权强国迈进的坚实基础。

（二）战略实施主要成效

**一是知识产权拥有量大幅增长，我国已经成为名副其实的知识产权大国。** 2007～2017 年，发明专利申请量从 24.5 万件增长至 138.2 万件，连续 7 年位居世界第一；商标注册申请量从 2007 年的 70.8 万件增长至 574.8 万件，连续 16 年位居世界第一；著作权年登记量从 15.9 万件增长至 274.8 万件；植物新品种、集成电路布图设计、地理标志等数量大幅增长；核心专利、知名品牌、精品版权、优良植物新品种等持续增加。

**二是知识产权运用成效显著，有力促进了经济社会发展。** 在国民经济支柱产业和战略性新兴产业领域，逐步形成了一批高价值核心知识产权。知识产权促进了品牌经济、特色农业发展和文化繁荣，涌现出一批具有国际竞争力的知名品牌和驰名商标，网络核心版权产业行业规模年增长率保持在 30% 以上。知识产权运用新模式不断涌现，知识产权交易日益活跃，专利、商标、版权质押融资规模突破千亿元。

**三是知识产权保护不断加强，营商环境持续改善。** 全国人大修订了《专利法》《商标法》《著作权法》等知识产权领域法律法规。知识产权司法保护和行政保护全面强化，正在形成"严保护、大保护、快保护、同保护"的知识产权保护格局。2007～2017 年，全国法院新收知识产权一审案件量由 2.2 万件增长至 20 多万件，成立了 3 家知识产权法院和 15 家知识产权法庭，知识产权判赔数额明显提高。全国知识产权保护中心和快速维权中心达到 31 家。各部门各地方联合开展专项行动，集中解决重点难点问题，显著改善了我国营商环境。

**四是知识产权管理体制改革不断深化，取得突破性进展。** 上海浦东、深圳等地率先开展知识产权管理体制创新探索。2016 年，中央全面深化改革领导小组将知识产权综合管理列入改革重要议题，国务院部署开展知识产权综合管理改革试点。2018 年 3 月，中共中央印发《深化党和国家机构改革方案》，将专利、商标、原产地地理标志管理职责整合，重新组建国家知识产权局，新闻出版管理职责划入中央宣传部。我国知识产权管理体制更加集中高效。

**五是全社会知识产权意识明显提高，基础环境进一步夯实**。知识产权普及型教育在中小学中广泛开展，知识产权学科建设不断扩大，全国 76 所高校设置知识产权本科专业。知识产权服务体系更加健全，主营业务为知识产权服务的机构超过 2.6 万家，年营业收入超过千亿元。专利、商标、版权、植物新品种、地理标志等公共服务平台建设初见成效。知识产权人才队伍日益壮大，专业人才总量超过 15 万人。全社会知识产权意识明显提高，尊重知识产权的文化风尚日趋向好。

**六是知识产权对外合作不断扩大和深化，国际影响力显著提高**。我国知识产权对外合作与交流机制、重要双边机制不断完善，与"一带一路"沿线国家知识产权国际合作机制建设不断加强。我国企业参与国际标准制定和海外知识产权布局取得积极进展，2007～2016 年，我国参与制定的国际标准累计达 1705 项，越来越多的企业开始进行海外知识产权布局。我国在国际知识产权领域的话语权和影响力快速提高，正在从国际知识产权规则的追随者向建设者转变。

**七是知识产权战略实施成效日益获得国际社会认可**。我国知识产权战略实施取得的成就得到了世界知识产权组织和国际社会普遍认可，越来越多的外国政府、企业和智库对我国知识产权事业发展给予客观和积极评价。《2018 年全球创新指数报告》中国名列第 17 位，首次进入世界最具创新性的前 20 个经济体之列。世界知识产权组织专家组认为，中国知识产权战略符合中国发展方向，与创新体系发展协同并进，战略执行统一有力，过去十年取得了举世瞩目的成就，可作为发展中国家实施知识产权战略的典范。

（三）战略实施的主要经验

**一是尊重知识产权的客观发展规律**。《纲要》制定进行了广泛研究论证，根据我国具体国情和国际知识产权发展趋势，从创造、运用、保护、管理、服务等方面进行了全面系统的规划和部署。《纲要》出台时机把握准确，指导方针明确，战略要素齐备，可操作性较强。

**二是强化战略实施的统筹协调和系统推进**。成立国务院知识产权战略实施工作部际联席会议，加强战略实施的统筹协调，各地方也成立知识产权战略实施组织协调机制，从中央到地方统一部署开展行动。持续制定战略实施年度推进计划，开展年度监测和阶段性评估，根据形势发展变化对战略及时进行调整完善。

**三是正确发挥市场和政府作用，充分调动地方自主探索的积极性和主动性**。深入落实“放管服”改革要求，不断强化企业在知识产权创造运用中的主体地位，通过不断完善知识产权政策体系，激发企业的创新活力。通过推进知识产权综合管理改革试点和知识产权强省、强市、强企试点示范，鼓励各地方因地制宜探索知识产权发展新举措。

**四是发挥中国特色社会主义制度优势，符合我国实际国情**。建立司法保护与行政执法相结合、日常监管与专项行动相结合等具有中国特色、符合中国国情的工作机制。充分发挥中国特色社会主义集中力量办大事的制度优势，开展重点专项工作，着力解决了重点难点问题。

（四）战略实施中仍然存在的突出问题

**一是高质量知识产权偏少**。关键技术领域核心知识产权缺乏，产业安全存在隐患。我国居民和单位在海外申请和获得知识产权授权的比例较低。**二是知识产权保护存在法律体系不完善、侵权处罚力度低**。缺少知识产权基础性法律，单行法之间缺乏协调一致。知识产权侵权判赔力度偏低，多采用额度较低的法定赔偿判赔，缺乏惩罚性措施，与欧美等发达国家和地区相比仍存在较大差距。**三是创新主体的知识产权管理运用能力仍然不足**。绝大多数创新主体在知识产权管理机构设置、专职人员配备等方面存在短板，缺少知识产权的系统部署。知识产权转化运用比例偏低。**四是知识产权服务与基础环境存在短板**。知识产权公共服务平台存在重复建设、缺乏后期持续投入等问题。知识产权服务与市场需求仍有差距，服务行业不正当竞争现象依然存在，市场秩序有待进一步规范，知识产权服务标准体系建设尚不能满足社会需要。知识产权人才培养不敷需求，尤其是高端型、复合型、国际化人才紧缺。**五是在知识产权国际事务中的应对能力亟待提高**。参与知识产权国际合作的主动性和话语权有待进一步加强。随着我国企业进入国际市场的步伐日益加快，亟须进一步加强构建区域性国际协商对话机制，拓展和深化知识产权事务国际合作，提高知识产权国际争端解决能力。

## 三、分析研判新要求与新形势

党的十九大对知识产权事业发展提出了新的更高要求，新的形势变化对知识产权事业发展提出了新的挑战。

**一是建设社会主义现代化强国，要求发挥知识产权强国的重要支撑作用**。激励经济竞争力提高、维护国家经济安全、实现全面依法治国，必须更加严格地保护知识产权，更加有效地发挥知识产权制度激励创新的基本保障作用。面对建设社会主义现代化强国任务，着力解决高质量知识产权偏少、保护不够严格、国际应对能力不足等知识产权领域存在的突出矛盾和问题，需要系统谋划我国知识产权事业未来发展方略，聚焦目标、明确路径、部署任务，全面引领中国特色、世界水平的知识产权强国建设。

**二是新一轮科技革命与新兴业态快速发展，要求知识产权制度进行战略性调整**。新一轮科技革命加速兴起，人工智能、大数据、生命科学等领域正在酝酿重大原创性突破，颠覆性创新正在催生新模式新业态，对现有知识产权制度形成重大挑战。及时响应时代需求，从国家层面推动知识产权制度进行战略性调整，有利于逐步构筑我国知识产权发展优势，抢抓新一轮科技革命和产业变革重大机遇，抢占创新发展制高点。

**三是实现经济高质量发展，要求进一步强化知识产权保护和运用**。随着我国产业结构升级和创新能力提高，市场主体对知识产权严格保护的需求更加强烈，对高质量知识产权供给的需求更加迫切。规划新时代知识产权事业发展路径，进一步完善知识产权保护制度，全面提高知识产权保护效果和运用效益，是推动发展方式转变、经济结构优化、增长动力转换，提升我国经济竞争力、实现经济高质量发展的迫切需要。

**四是实现全面深化改革总目标，要求建立知识产权现代化治理体系**。知识产权制度是社会主义市场经济的基本制度，是“让一切劳动、知识、技术、管理、资本的活力竞相迸发，让一切创造社会财富的源泉充分涌流”的重要条件。实现全面深化改革总目标，推进国家治理体系和治理能力现代化，迫切需要重新调整知识产权领域的市场和政府定位，充分发挥市场配置资源的决定性作用，更好发挥政府作用，建立起知识产权现代化治理体系。

## 四、知识产权强国建设的建议

**一是尽快制定面向 2035 年的知识产权强国战略纲要**。《纲要》实施将于 2020 年到期。为及时谋划适应新时代发展需要的知识产权领域重大改革和战略举措，形成与《纲要》梯次接续的战略布局，建议尽快启动面向 2035 年的知识产权强国战略纲要制定工作，加快推动我国跻身知识产权强国行列。

**二是完善知识产权法律体系**。建议适时考虑制定知识产权基本法，将知识产权单行法中的共同部分进行统一规定，统领协调各单行法的实施。在时机成熟时研究制定知识产权法典，为知识产权强国建设提供基础法律制度保障。

**三是加大知识产权保护力度及平衡机制建设**。建议提高知识产权侵权赔偿额度，对故意侵权行为实施惩罚性赔偿，加大行政执法调查取证力度。设立全国性的知识产权高级法院，专门受理知识产权法院二审案件。在严格保护知识产权的同时，注重保障社会公众的利益平衡，防止知识产权信息的封闭和知识产权滥用。

**四是多措并举促进高质量知识产权创造与运用**。建议完善知识产权激励政策。严格知识产权审批授权，大幅缩短审查周期。消除知识产权转化运用的制度障碍，改进国有无形资产管理办法，加快推进国防知识产权军民融合工作。推动知识产权资本化运营，建立知识产权信息披露制度。

**五是深化改革优化强化知识产权治理**。建议鼓励地方因地制宜改革地方知识产权管理体系，建设多元治理体系，进一步简政放权。大力培育社会化服务力量，加强知识产权智库建设。建立国家重大经济科技活动知识产权评议制度，全面推行知识产权管理规范国家标准。

**六是加强专业人才队伍、服务能力和文化建设**。建议探索开展知识产权人才分类管理体制，在高等教育中实施知识产权人才培养专项工程。整合建立统一开放、便捷高效的知识产权信息公共服务平台。推进知识产权服务行业标准化建设。大力培育知识产权文化，加强知识产权宣传和普及教育力度。

**七是采取更加主动的国际化发展策略**。建议更加深入地参与知识产权领域国际规则制定。全面拓展知识产权领域国际合作，加强与“一带一路”沿线国家知识产权合作，积极搭建知识产权治理地区性平台。研究在主要国家使领馆加强力量配备。积极引导企业进行知识产权国际布局。完善知识产权海外维权援助体系。

# 目　　录

# 第1章 引　　言

## 1.1 评估背景与目的

改革开放以来，我国逐步建立起现代知识产权制度。随着经济社会快速发展，尤其是随着我国加入世界贸易组织（WTO）和开启建设创新型国家的征程，知识产权事业在国家发展全局中的地位越来越重要。2008 年 6 月 5 日，国务院颁布《国家知识产权战略纲要》（以下简称《纲要》），标志着国家知识产权战略正式确立实施。

国家知识产权战略在实施中不断拓展深化。党的十八大以来，以习近平同志为核心的党中央把握世界和中国发展的新形势，对知识产权工作多次作出重要指示，作出了一系列富有远见卓识的战略部署。2014 年，国务院办公厅发布《深入实施国家知识产权战略行动计划（2014—2020 年）》（以下简称《行动计划》），将知识产权战略实施工作推向深入；2015 年，国务院发布《国务院关于新形势下加快知识产权强国建设的若干意见》（以下简称《若干意见》），对加快推动知识产权强国建设作出整体部署；2016 年，国务院发布《"十三五"国家知识产权保护和运用规划》（以下简称《"十三五"规划》），知识产权规划被首次纳入国家重点专项规划。党的十九大提出了"倡导创新文化，强化知识产权创造、保护、运用"的更高要求。在新的发展形势下，知识产权的重要性更加凸显，我国知识产权事业呈现出与时俱进的蓬勃发展态势。

在《纲要》颁布实施十年之际，国务院知识产权战略实施工作部际联席会议组织开展本次评估工作，旨在"以评估促发展、以评估促改革"，全面掌握国家知识产权战略实施的整体情况，形成对我国知识产权战略实施的客观评价，为加快建设知识产权强国和创新型国家提供决策支撑。

本次评估的主要目的：

**一是审视过去**。全面掌握知识产权战略实施进展和目标完成情况，客观评价战略实施以来我国知识产权创造、运用、保护、管理和服务等方面发生的变化，总结好的经验做法，及时发现存在的突出问题并剖析原因。

**二是谋划未来**。我国已经确立加快建设知识产权强国的新目标，而本轮战略实施到2020年即将告一段落。本次评估要全面分析我国知识产权事业发展面临的国际国内新形势，准确把握党的十九大对知识产权事业发展的新要求，提出对策建议。

## 1.2 评估的内容框架

根据评估目的，针对《纲要》《行动计划》《若干意见》和《“十三五”规划》的战略目标和任务部署，本次评估的内容包括四部分（参见图1.2.1）。

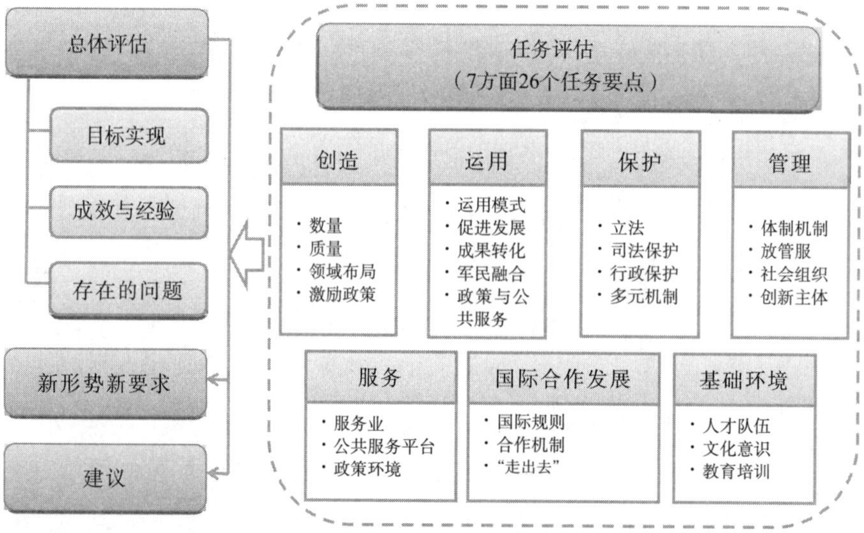


**图1.2.1 评估内容**

**一是战略实施总体评估**。总体判断战略目标的实现情况，全面总结战略实施的成效与经验，分析战略实施中存在的突出问题。

**二是重点任务评估**。将国家知识产权战略的重点任务归纳为创造、运用、保护、管理、服务、国际合作发展、基础环境7个方面，并进一步分解为26个任务要点。评估中对每个任务要点的实施情况逐一进行分析，分别得到对7方面重点任务的评估结论。

**三是分析研判新形势和新要求**。面向未来，对我国知识产权战略面临的新形势和新要求进行分析研判，尤其关注党的十九大提出的新要求，分析新一轮科技革命与产业变革新趋势、全球竞争新态势等对我国知识产权事业的挑战。

**四是提出加快建设知识产权强国的建议**。针对在新时代深入实施国家知识产权战略、完善知识产权制度、充分发挥知识产权促进经济社会高质量发展的作用，提出加快建设知识产权强国的对策建议。

## 1.3 评估的组织架构

**国务院知识产权战略实施工作部际联席会议（以下简称“联席会议”）** 负责评估的总体组织和统筹协调，联席会议办公室负责具体组织实施。

**总体评估专家组** 由第十二届全国人民代表大会常务委员会（以下简称“全国人大常委会”）副委员长严隽琪担任组长，24 位高层次专家组成，总体评估专家组对评估总体设计和专题评估、地方评估、国际咨询、公众调查等各项评估工作进行咨询指导，参加相关评估活动，开展战略研讨，形成专家组报告。

**评估工作组** 由联席会议办公室和联席会议主要成员单位人员、国家科技评估中心专业评估人员组成。评估工作组负责评估工作的具体组织实施，为总体评估专家组提供技术支撑与服务，在总体评估专家组的咨询指导下，完成总体评估报告。

## 1.4 评估的实施过程

本次评估以部门自查、地方评估、国际咨询、公众调查为基础，完成了 12 个专题评估、2 个专题研究和总体评估（参见图 1.4.1）。

**部门自查**。联席会议办公室组织 31 个成员单位对标《纲要》《行动计划》《若干意见》等系列知识产权政策文件，从本部门战略实施总体情况、任务完成情况及相关数据、成效与经验、新形势和新问题等方面开展自查。截至 2017 年底，全部成员单位提交了自查报告。

**地方评估**。联席会议办公室要求全国各省（区、市，不含港澳台地区，下同）和新疆生产建设兵团组织开展本地区战略实施评估工作，围绕地方知识产权战略实施总体情况、任务完成情况、促进区域经济发展情况及典型案例等方面开展评估，联席会议办公室召集北京、天津、河北、辽宁等地方知识产权评估工作负责人和相关人员，在京召开座谈交流会，推动地方评估工作开展。截至 2018 年 4 月，全国 31 个省（区、市）和新疆生产建设兵团全部提交了评估报告。

**专题评估**。根据国家知识产权战略的任务部署，围绕知识产权创造、转化运用、法制建设、保护状况、体制改革、企业知识产权能力、军民融合、服务水平、人才建设、文化理念、国际合作以及战略组织实施机制设立 12 个专题评估。另根据评估工作需要，开展了知识产权新形势专题研究和知识产权数据分析工作。自 2017 年 9 月到 2018 年 4 月，先后组织召开了专题立项评审会、中期汇报会和成果交流会，形成了 14 份报告。

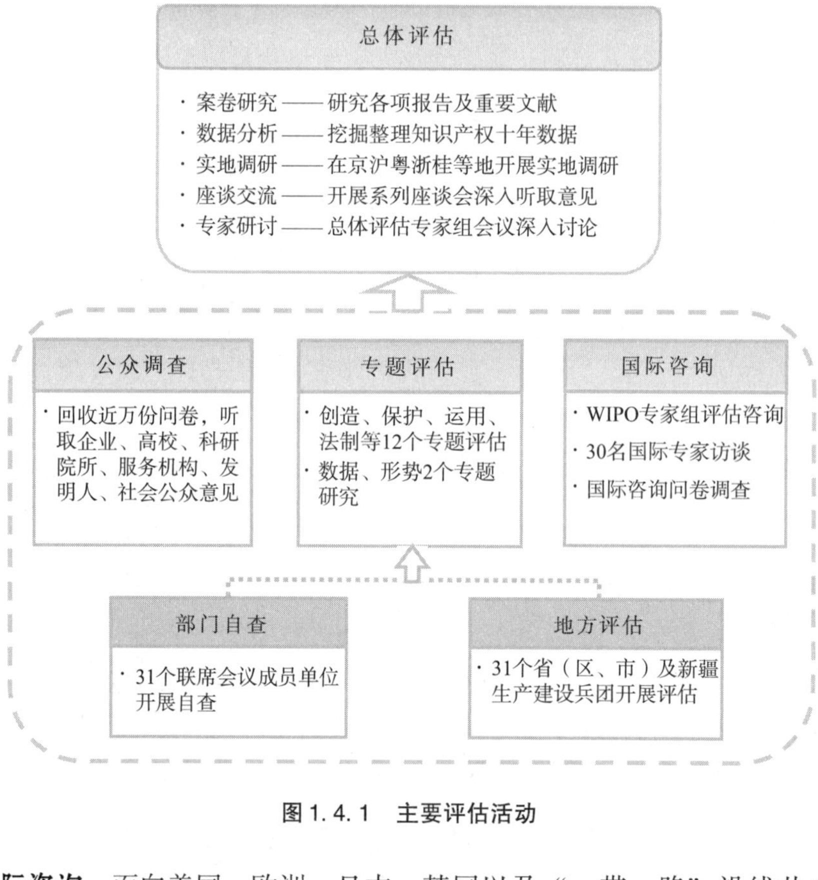


**图 1.4.1　主要评估活动**

**国际咨询**。面向美国、欧洲、日本、韩国以及“一带一路”沿线共 30 多个国家的企业、学术机构和服务机构进行问卷调查，回收有效问卷 203 份；对美国、德国、法国、日本、韩国、新加坡等国家的 30 名知识产权专家进行了访谈。受联席会议办公室邀请，世界知识产权组织（WIPO）组建了一个 6 人专家组，于 2018 年 2 月底至 3 月初到中国调研，考察了北京和上海的知识产权战略实施工作，参观了有关企业和创新创业基地，召开了多场座谈会。2018 年 5 月，WIPO 专家组提交了关于我国知识产权战略实施的国际咨询意见。

**公众调查**。2018 年 1～3 月，通过网络平台、新媒体等渠道开展问卷调查，听取企业、高校、科研机构、社会公众等对国家知识产权战略实施的评价和建议。此次调查回收问卷近万份，其中企业 2393 份、高校和科研机构 376 份、服务机构 586 份、发明人 340 份、社会公众 6200 份。

**总体评估**。在各项评估活动的基础上，评估工作组开展总体评估，撰写总体评估报告。开展的总体评估活动主要包括：

——案卷研究。对相关政策文件、部门自查报告、地方评估报告、专题评估报告、国际咨询报告、公众调查结果以及其他文献进行研究，掌握知识产权战略实施的基本情况。

——数据分析。深入挖掘整理知识产权事业发展变化的各类统计数据，包括十年来各类知识产权的数量、质量、交易，以及知识产权保护案件、人才队伍、服务机构数量、社会满意度等指标数据。

——实地调研。对北京、上海、广东、浙江、广西等地的知识产权工作进行了实地调研，并到北京知识产权法院、十多家企业和知识产权服务机构进行了深度访谈。

——利益相关方座谈会。2018 年 2～3 月，邀请 9 家科研机构、10 家企业、12 家知识产权服务机构、10 所高校、11 家外资企业和机构在北京召开了 5 场座谈会，广泛听取各方观点、意见和建议。

——总体评估专家组会议。组织召开 3 次总体评估专家组会议，分别讨论评估方案、研讨评估结论、审阅评估报告。

# 第 2 章　战略实施总体评估

## 2.1　战略目标实现情况

2008 年发布的《纲要》提出了面向 2020 年国家知识产权战略的目标，即“到 2020 年，把我国建设成为知识产权创造、运用、保护和管理水平较高的国家。知识产权法治环境进一步完善，市场主体创造、运用、保护、管理知识产权的能力显著增强，知识产权意识深入人心，自主知识产权的水平和拥有量能够有效支撑创新型国家建设，知识产权制度对经济发展、文化繁荣和社会建设的促进作用充分显现”。2014 年发布的《行动计划》再次重申和强化了上述目标。

国家知识产权战略的目标在 2015 年发布的《若干意见》中得到了进一步明确和深化，并提出了加快推动建设知识产权强国的目标，即“到 2020 年，在知识产权重要领域和关键环节改革上取得决定性成果，知识产权授权确权和执法保护体系进一步完善，基本形成权界清晰、分工合理、责权一致、运转高效、法治保障的知识产权体制机制，知识产权创造、运用、保护、管理和服务能力大幅提升，创新创业环境进一步优化，逐步形成产业参与国际竞争的知识产权新优势，基本实现知识产权治理体系和治理能力现代化，建成一批知识产权强省、强市，知识产权大国地位得到全方位巩固，为建成中国特色、世界水平的知识产权强国奠定坚实基础”。这一目标在 2016 年发布的《“十三五”规划》中得到了更充分的阐释。

总体上看，经过十年战略实施，我国各类知识产权数量大幅增加，迅速成为世界知识产权大国；知识产权保护不断加强，正在形成“严保护、大保护、快保护、同保护”的格局；知识产权运用成效显著，一批核心知识产权有力支撑了产业向高端迈进，知识产权交易、质押融资等日益活跃；知识产权管理和服务持续改善，体制改革取得了突破性进展；知识产权对外合作进一步扩大和深化，国际影响力显著提高；全社会的知识产权意识明显增强，尊重和保护知识产权的良好社会环境日渐形成。随着我国经济社会的发展，知识产权事业呈现出与时俱进的蓬勃发展态势。综合判断，《纲要》提出的 2020 年国家知识产权战略目标进展顺利，“把我国建设成为知识产权创造、运用、保护和管理水平较高的国家”这一目标已经基本实现，具备了向知识产权强国迈进的坚实基础。

在具体指标方面，《纲要》和《若干意见》中并未设置具体量化指标，《行动计划》中提出了 12 个指标，《“十三五”规划》中提出了 10 个指标，归纳起来共包括 14 个指标。这些指标到 2020 年的预期目标值和当前实现程度如表 2.1.1 所示。

**表 2.1.1　我国知识产权发展的主要指标实现程度**

| 序号 | 指标 | 2017 年 | 2020 年目标值 | 实现程度 |
|---|---|---|---|---|
| 1 | 每万人口发明专利拥有量/件 | 9.8 | 12 | 预期可实现 |
| 2 | PCT 专利申请量/万件 | 5.1 | 6 | 预期可实现 |
| 3 | 植物新品种申请总量/万件 | 2.4 | 2.5 | 预期可实现 |
| 4 | 全国作品登记数量/万件 | 200.2 | 220 | 预期可实现 |
| 5 | 计算机软件著作权登记量/万件 | 74.5 | 44 | 提前实现 |
| 6 | 知识产权使用费出口额/亿美元 | 60 | 100 | 预期可实现 |
| 7 | 规模以上制造业每亿元主营业务收入有效发明专利数/件 | 0.72 | 0.7 | 提前实现 |
| 8 | 国内发明专利平均维持年限/年 | 6.2 | 9 | 实现有难度 |
| 9 | 全国技术市场登记的技术合同交易总额/万亿元 | 1.13 | 2.0 | 实现有难度 |
| 10 | 发明专利申请平均实质审查周期/月 | 22 | 20.2 | 预期可实现 |
| 11 | 商标注册平均审查周期/月 | 8 | 9 | 提前实现 |
| 12 | 知识产权质押融资年度金额/亿元 | 1117 | 1800 | 实现有难度 |
| 13 | 知识产权服务业营业收入年均增长率 | 35% | 20% | 预期可实现 |
| 14 | 知识产权保护社会满意度/分 | 76.69 | 80 | 预期可实现 |

**注：**规模以上制造业每亿元主营业务收入有效发明专利数/件指标为 2016 年数据，知识产权使用费出口额为 2016 年以来累计值，知识产权服务业营业收入年均增长率为“十三五”时期（五年）平均增长率。

在 14 个预期发展指标中，计算机软件著作权登记量、规模以上制造业每亿元主营业务收入有效发明专利数、商标注册平均审查周期 3 个指标提前实现，每万人口发明专利拥有量、PCT 专利申请量、植物新品种申请总量、全国作品登记数量、知识产权使用费出口额、发明专利申请平均实质审查周期、知识产权服务业营业收入年均增长率、知识产权保护社会满意度 8 个指标预期可实现，国内发明专利平均维持年限、全国技术市场登记的技术合同交易总额、知识产权质押融资年度金额3个指标预期实现有难度。

## 2.2 战略实施总体成效

知识产权战略实施促进了我国知识产权事业快速发展，知识产权在激励创新创业、营造良好营商环境、支撑经济高质量发展、促进社会进步和文化繁荣等方面发挥了日益显著的作用。

### 2.2.1 知识产权数量大幅增长，我国已经成为名副其实的知识产权大国

随着战略的实施，企业、高校和科研机构等创新主体的知识产权意识普遍提高，我国各类知识产权的申请量和拥有量大幅增长。2007～2017年，我国发明专利年申请量从24.5万件增长至138.2万件，连续7年位居世界第一，其中国内申请量从15.3万件增长至124.6万件；国内有效发明专利拥有量从9.6万件增长至141.4万件，位居世界第三；每万人口发明专利拥有量从0.6件增长至9.8件；PCT专利申请受理量从0.54万件增长至5.07万件，跃居世界第二；商标年申请量从70.8万件增长至574.8万件，连续16年位居世界第一；有效注册商标总量从235.3万件增长至1492万件；我国申请人的马德里商标累计有效注册量从7135件增长至2.5万件；著作权年登记量从15.85万件增长至274.77万件；植物新品种权授权总量从1616件增长至12 411件；集成电路布图设计专有权登记总量从1564件增长至16 713件；地理标志商标累计注册量从301件增长至3906件，地理标志产品累计登记量达到2359个，农产品地理标志累计备案量达2242件。

在知识产权数量大幅增长的同时，知识产权质量也稳步提高，核心专利、知名品牌、精品版权、优良植物新品种等持续增加。在国民经济支柱性产业、战略性新兴产业等领域逐步形成一批高价值核心知识产权，“天宫”“蛟龙”“天眼”“悟空”“墨子”“大飞机”等重大科技成果集合专利、商标、软件著作权、技术秘密等知识产权，有力支撑了创新型国家建设。

### 2.2.2 知识产权运用成效显著，有力促进了经济社会发展

随着国家知识产权战略的实施，我国知识产权运用蓬勃开展，新的运用模式

不断出现，运用效益快速提升，有力促进了产业转型升级和民生发展，为供给侧结构性改革、创新驱动发展战略实施、精准扶贫等提供了有力支撑。

在高铁、信息通信、新能源等多个领域形成了一批核心知识产权并得到运用，有力支撑了创新型国家建设。高铁领域一批核心知识产权为“复兴号”大规模产业化提供了强有力的支撑保障，全国高速铁路里程已经占全世界总里程60%以上；在5G关键技术领域形成了一批发明专利，参与5G国际标准的力度与广度不断扩大；电动汽车、新能源汽车的产销量和保有量均占全世界50%以上；特高压输电技术已形成国际标准14项。

知识产权在推进品牌经济发展、助力特色农业和精准扶贫方面发挥了重要作用。通过支持企业实施商标品牌战略、推进产业和区域品牌建设、开展商标品牌创新创业基地建设等工作，积极发挥商标品牌的引领作用，涌现出一批具有国际竞争力的知名品牌和驰名商标。通过农业品牌创建和农产品“三品一标”认证体系建设，促进了农业产业结构调整和现代特色农业发展。各地积极利用地理标志带动培育产业和区域品牌，贵州等中西部地区省份通过地理标志保护和运用，在精准扶贫方面取得积极成效。

知识产权促进了文化繁荣。2007～2017年，国家出版基金共遴选资助3300多个优秀出版项目，其中2300多个项目已推出成果，近500项成果获得精神文明建设“五个一工程”奖、中国出版政府奖等国家级奖项。网络核心版权产业行业规模增长率保持在30%以上，十年来增长超过30倍，2017年达到6365亿元。国产电影、电视剧数量和质量均显著提升，2017年全国制作完成并获得发行许可的电视剧共314部，电视剧整体品质稳步提升。2017年全国电影总票房超559亿元，是2007年的16.8倍。深入实施“丝绸之路影视桥”等重点工程，“一带一路”沿线国家版权贸易量近6000种。一批文化品牌成功进入海外文化市场，一批濒临失传的中华传统技艺得到了传承，一批文化产品走出内涵式发展道路。

新的知识产权运用模式不断涌现。一些企业的知识产权运用开始从战术层面向战略层面、从单一实施向综合运用转变，在知识产权制度运用上已经可以和跨国企业看齐。相关部门支持开展专利商标区域布局、产业布局和海外布局工作，实施专利导航工程，引导组建百余家产业知识产权联盟，知识产权收储、运营、质押、保险、托管、股权投资等新业态方兴未艾。2014年以来，财政部、国家知识产权局联合推动构建“平台、机构、资本、产业”四位一体的知识产权运营服务体系，先后实施了国家知识产权运营公共服务平台建设、运营机构培育、重点产业知识产权运营基金和质押融资风险补偿基金等项目，分两批支持16个重点城市建设知识产权运营公共服务平台。目前，已投资扶持15家知识产权运营机构，引导支持20个省市设立重点产业知识产权运营基金，4个省市设立知识产权质押融资风险补偿基金。专利、商标、版权质押融资发展迅速，规模突破千亿元，有效解决了一批轻资产中小企业融资难问题。2013～2017年专利质押融资总额达到2057亿元，年均增长33%；商标质押融资金额由2008年的51.19亿元增长至2017年的370亿元；自2011年《著作权质权登记办法》实施以来至2017年底，著作权质权登记总数为3224件，质押融资总额达到200亿元。

### 2.2.3 知识产权保护不断加强，营商环境持续改善

2008年以来，全国人大常委会对《专利法》《商标法》《著作权法》《反不正当竞争法》《促进科技成果转化法》等进行修订，国务院对《专利法实施细则》《商标法实施条例》《著作权法实施条例》《计算机软件保护条例》《信息网络传播权保护条例》和《植物新品种保护条例》等进行修订。我国与世界先进的知识产权法律制度逐渐接轨，基本建立起了符合国际通行规则、门类较为齐全的知识产权法律制度。各部门、各地方通过加强立法、司法、行政执法等，不断强化知识产权保护合力，全方位加大知识产权保护力度，不断提高保护及时性，对各类市场主体一视同仁，全国知识产权保护正在形成“严保护、大保护、快保护、同保护”的格局。

为加强对打击侵权假冒工作的组织领导，2011年国务院设立全国打击侵犯知识产权和制售假冒伪劣商品工作领导小组及办公室（以下简称“双打办”）。领导小组成员单位包括行政执法部门、刑事司法部门及相关行业管理部门等近30个单位。自成立以来，领导小组每年定期召开会议，组织开展重点领域、重点地区专项整治，大力推动行政执法与刑事司法衔接，加强跨区域、跨国境交流协作，增强了工作合力，各项工作取得积极成效。

知识产权司法保护能力和水平日益提高。深化知识产权审判制度改革创新，充分发挥司法保护知识产权的主导作用。全国法院新收知识产权一审案件量由2007年的2.2万件增长至2017年的20多万件，年均增长18%以上；知识产权审判体系建设取得突破性进展，已成立3家知识产权法院和16家知识产权法庭，知识产权民事、行政、刑事审判“三合一”在全国法院全面推开，审理了“乔

丹”系列商标案、“红罐王老吉凉茶”知名商品特有包装装潢纠纷案、琼瑶诉于正案等一批具有重大影响的案件，审判标准日趋统一，判赔数额明显提高。

知识产权行政保护更加快捷、高效、有力。2013～2017 年，全国共办理专利侵权假冒案件 19.2 万件，商标侵权假冒案件 17.3 万件，有力地维护了权利人的合法权益。各部门和各地方联合开展打击侵权假冒、软件正版化、打击网络侵权盗版等多项重点专项工作，通过“雷雨”“天网”“护航”“剑网”“雷霆”“溯源”等专项行动，显著改善了创新创业和营商环境。2017 年全国知识产权保护中心和快速维权中心达到 31 家，知识产权举报投诉与维权援助服务网络基本覆盖全国，知识产权维权、调解机制进一步完善。

我国知识产权保护取得的成绩得到了国际国内的广泛认可。国内调查显示，我国知识产权保护社会满意度得分从 2012 年的 63.69 分增长至 2017 年的 76.69 分，已经步入良好区间。本次评估的国际咨询报告显示，98% 的国外受访者认为我国知识产权保护力度增强，71% 的受访者认为我国知识产权侵权现象在减少，64% 的受访者认为外国企业和机构在中国保护知识产权的意愿明显提升。调研了解到，越来越多的外国企业认可中国的知识产权法治环境，认可中国的司法解决疑难知识产权纠纷的能力，从而更多地选择在中国解决知识产权纠纷。

### 2.2.4　知识产权管理体制改革不断深化，取得突破性进展

长期以来，我国国家层面知识产权管理存在“各管一摊，分立并行，职能交叉”的情况。地方知识产权管理机构在机构性质、行政级别、职能配置、隶属关系等方面也较为复杂。中央管理格局的分散与地方管理体系的多样对知识产权的创造、运用、保护和国际合作都带来了诸多不便。战略实施以来，我国知识产权管理体制改革不断推进，取得了突破性进展。

上海浦东、深圳等率先开展知识产权管理体制探索。2016 年底，国务院办公厅发布《知识产权综合管理改革试点总体方案》，启动知识产权综合管理改革试点工作，厦门、青岛、深圳、长沙、苏州、上海徐汇区等 6 个地方被纳入首批试点。同时，国家全面创新改革试验区、自由贸易试验区也积极推进知识产权管理体制改革。

2018 年 3 月，中共中央印发了《深化党和国家机构改革方案》，为解决商标、专利分头管理和重复执法问题，完善知识产权管理体制，将国家知识产权局的职责、国家工商行政管理总局的商标管理职责、国家质量监督检验检疫总局的

原产地地理标志管理职责整合，重新组建国家知识产权局，由国家市场监督管理总局管理。为加强党对新闻舆论、宣传和文化工作的集中统一领导，将国家新闻出版广电总局的新闻出版管理职责划入中央宣传部。中央宣传部对外加挂国家新闻出版署（国家版权局）牌子。改革后，我国的知识产权管理体制更加集中高效。

### 2.2.5 全社会知识产权意识明显提高，基础环境进一步夯实

与知识产权密切相关的市场观念、创新观念、法治观念和全球观念更加深入人心，全社会知识产权意识明显提高，尊重知识产权的文化风尚日趋向好。调查显示，超过六成的公众认同知识产权的重要性，社会公众对知识产权战略的认知率由2008年的3.7%提升至2017年的85.3%。知识产权普及型教育在中小学广泛开展，我国青少年具有很强的拒绝侵权盗版的意识。

知识产权人才队伍日益壮大，包括知识产权行政管理和执法人才、审查人才、企事业单位知识产权管理人才、教学研究人才、服务人才在内的专业人才总量超过15万人。知识产权学科建设不断扩大，截至2018年3月，全国已有76所高校设置知识产权本科专业，38所高校设立知识产权学院（系）。

知识产权服务体系更加健全。我国主营业务为知识产权服务的机构数量超过2.6万家，年营业收入超过1000亿元，年均增长30%以上。新型知识产权服务机构不断出现，服务内容由传统的代理申请和诉讼，拓展到知识产权战略咨询、信息检索、价值评估、金融保险、海外维权援助等领域。专利、商标、版权、植物新品种、地理标志等公共服务平台建设初见成效。

### 2.2.6 知识产权对外合作不断扩大和深化，国际影响力显著提高

我国知识产权对外合作与交流机制、重要双边机制不断完善。我国已与全球63个国家、地区和国际组织签订了多双边合作协议和谅解备忘录，与50个WIPO成员国建立正式合作关系；积极推进建立“一带一路”沿线国家/地区知识产权机构合作机制；签署并批准加入了《视听表演北京条约》，签署了《关于为盲人、视力障碍者或其他印刷品阅读障碍者获得已出版作品提供便利的马拉喀什条约》；先后与28个国家/地区的专利审查机构签订了“专利审查高速路”（PPH）协议，我国有效发明专利已可在柬埔寨登记生效。

我国企业参与国际标准制定和海外知识产权布局取得积极进展。2007～2016

年，我国参与制定的国际标准累计达 1705 项，其中主导制定并发布的 ISO/IEC 国际标准达 301 项。我国制定的企业知识产权管理规范（国家标准）已由 WIPO 向全球推荐。随着我国进一步扩大开放和企业“走出去”的能力增强，越来越多的企业开始进行海外知识产权布局。

我国在知识产权领域的话语权和国际影响力快速提高。调查表明，57% 的外国企业认为战略实施以来我国在国际知识产权领域的影响力显著提高。我国正从国际知识产权规则的追随者向建设者转变。

### 2.2.7　知识产权战略实施成效日益获得国际社会认可

我国知识产权战略实施十年取得的成就，得到了世界知识产权组织和国际社会普遍认可，越来越多的政府部门、企业和智库对我国知识产权事业发展给予客观和积极评价。由 WIPO 等联合发布的《2018 年全球创新指数报告》中，中国名列第 17 位，首次进入全球最具创新性的前 20 个经济体之列。WIPO总干事弗朗西斯·高锐表示，“中国正逐步成为全球创新和品牌方面的一个引领者”。美国有关知识产权人士和媒体表示，中国正在朝着全球知识产权保护和执法领导者角色迅速逼近。欧洲有关业内人士也表示，中国政府对知识产权高度重视，此举将推动中国未来成为全球创新的引领者。日本发布的《2017 年知识产权推进计划》指出，中国成为知识产权强国指日可待。

本次评估专门组织国际咨询环节，从国际视角出发，通过在全球范围发放问卷、深度访谈等调研形式，客观汇集国际人士观点。调查访谈结果进一步印证了国际社会对中国知识产权事业发展的认可。超八成的国外受访者认为我国知识产权总体发展水平明显提升，尤其对我国知识产权创造水平、运用效果、法律法规完善等方面给予了充分肯定。外国创新主体来华登记/申请、商业化知识产权的意愿明显增强。66% 的受访者认为我国知识产权质量与发达国家相比，差距正在缩小，在某些领域已经具有优势。我国创新环境显著改善，98% 的受访者认为我国知识产权保护力度明显或有所增强。法律法规建设完善、司法保护力度加强、行政保护力度加强被认为是使创新者受益最多的举措。97% 的受访者认为我国知识产权领域的国际影响力显著或有所提高。

同时，由 6 名专家组成的 WIPO 专家组在我国开展了系列调研，并与我国专家进行深入研讨，在此基础上针对中国知识产权战略实施独立提出咨询意见。WIPO 专家组认为，中国知识产权战略符合中国的发展方向，与创新体系的发展协同并进，战略执行统一有力，过去十年取得了举世瞩目的成就，可作为发展中国家实施知识产权战略的典范。WIPO 专家组的主要观点如下：

中国国家知识产权战略毫无疑问是过去十年中国知识产权体系发生积极变革的主要推动力。在知识产权发展的各个方面，《国家知识产权战略纲要》已成为制定政策指令和指导政府行动的基础。政府机构、私营部门以及大学和其他公共机构广泛参与实施国家知识产权战略，表明了中国立足长远建设知识产权文化的严肃态度。

过去十年，中国政府采取了更严厉的措施打击侵权假冒行为，并建立了更为快捷的知识产权纠纷解决程序。中国知识产权制度发生了渐进式深层次的变化，这一变化与中国经济从低成本制造模式向创新型发展模式转变的国家政策是高度契合和一致的。在创新驱动型经济模式中，技术发展和产品差异化日益成为创造价值的主要来源。由于中国要在创新轨道上去推进实现其经济和社会目标，特别是中国有成为全球知识产权强国的意愿，中国知识产权制度将进一步深化发展。

中国努力平衡各方相关者的利益，旨在维护公平的知识产权制度，同时还会权衡考虑不同城市、企业和个人在创造、增值、利用和受益于知识产权体系能力方面的巨大差异。随着中产阶级的日益壮大和本地企业的日益成熟，在未来几年，知识产权在中国经济中的作用都将变得越来越重要，对知识产权服务的需求将越来越多。鉴于未来研究成果和发明创造及其商业化前景的复杂性，也对专利商标服务、基础设施和能力提出了高质量需求。因此，知识产权制度需要应对一些新的挑战。

最后，值得一提的一个重要发展领域是中国品牌和技术的国际化。过去十年，从中国产生出了越来越多的全球知名品牌，同时出现了越来越多涉及国产技术或联合开发项目的技术交叉许可活动。随着中国产品和服务在全球市场上的地位日益突出，这一趋势将继续下去。因此，中国国家知识产权战略需要扩大其范围，要涵盖有助于充分应对全球知识产权挑战、变革和发展的措施。

## 2.3 战略实施主要经验

党中央对知识产权工作高度重视，特别是党的十八大以来，习近平总书记多次强调知识产权的重要性，作出一系列重要指示。我国知识产权事业发展始终坚持和加强党的领导，走出了一条具有中国特色的知识产权发展道路。国家知识产权战略的成功实施，主要有以下经验。

**第一，尊重知识产权客观发展规律制定战略，为战略成功实施提供了基本前提。**

作为我国第一个全局性、基础性、长远性的知识产权战略，《纲要》制定在中央直接领导下，集中了国内各有关部门和领域的专家，进行了广泛、充分的研究论证。战略设计尊重知识产权发展的规律，又根据我国的具体国情和国际知识产权发展趋势，从创造、运用、保护、管理、服务等方面进行了全面系统的规划和部署。《纲要》出台时机把握准确，指导方针明确，战略要素齐备，可操作性较强，为战略成功实施提供了基本前提。

**第二，强化战略实施的统筹协调和系统推进，为战略成功实施提供了组织保障。**

成立国务院知识产权战略实施工作部际联席会议，加强战略实施的统筹协调，各成员单位按照职能分工和联席会议的要求齐心协力推动战略实施。各地方也按照战略实施的要求，成立当地政府知识产权战略实施组织协调机制，形成了从中央到地方的统一部署和行动。从2009年起，联席会议连续制定战略实施年度推进计划；开展年度监测和阶段性评估，连续发布统计监测报告；根据形势的发展变化对战略及时进行调整完善。有效的组织实施体系是战略成功实施的重要保障。

**第三，正确发挥市场和政府作用，充分调动地方自主探索的积极性、主动性，为战略成功实施提供了强大动力。**

战略实施过程中重视制度创新，坚持顶层设计与基层探索相结合，国家宏观战略与企业微观战略相结合，纵向产业战略与横向地区战略相结合。正确发挥市场和政府的作用，充分调动各类创新主体实施知识产权战略的积极性，不断强化企业在知识产权创造运用中的主体地位。积极开展“放管服”改革，不断完善政策体系，激发创新和市场活力。通过推进知识产权综合管理改革试点和知识产权强省、强市、强企试点示范，鼓励各地方因地制宜，不断探索知识产权发展新举措，形成了一批可复制、可推广的经验。

**第四，发挥中国特色社会主义制度优势，符合我国实际国情。**

建立司法保护与行政执法相结合、日常监管与专项行动相结合等具有中国特色、符合中国国情的工作机制。充分发挥中国特色社会主义“集中力量办大事”的制度优势，针对假冒名牌、软件盗版等长期存在的难点问题，各部门和各地方统筹力量、共同行动，联合开展了打击侵权假冒、软件正版化、打击网络侵权盗版等多项重点专项工作，着力解决了制约知识产权发展的一批重点、难点问题，提高了我国知识产权保护的社会满意度和国际声誉。

## 2.4 战略实施中仍然存在的突出问题

国家知识产权战略的实施是一个不断探索深化的过程。随着我国经济社会发展的迅速变化，知识产权战略实施在取得显著成效的同时，也存在一些需要解决的突出问题。

### 2.4.1 高质量知识产权偏少

我国已经拥有一批核心知识产权，但与创新驱动发展和高质量发展的要求相比，关键技术领域缺乏核心知识产权，给产业安全带来隐患。相对于国内知识产权总量，我国居民和单位在海外申请和获得知识产权授权的比例较低，目前海外发明专利申请量仅约为美国、日本的1/4，而且集中在少数领域、少数企业。

### 2.4.2 知识产权保护存在法律体系不完善、侵权处罚力度低等问题

一是对知识产权侵权的判赔力度偏低。由于侵权人获得的收益或被侵权人的损失难以举证，因此多采用额度较低的法定赔偿判赔，缺乏惩罚性措施。近年来知识产权案件判赔额有所提高，但与欧美等发达国家/地区相比，我国知识产权的判赔力度仍存在较大差距。二是缺少知识产权基础性法律。尽管我国基本建立起了符合国际通行规则、门类较为齐全的知识产权法律制度，但各单行法之间缺乏协调性和一致性，需要进一步体系化。

### 2.4.3 创新主体的知识产权管理运用能力仍然不足

企业、高校、科研机构等各类创新主体普遍存在知识产权管理运用能力不足

的问题。一是各类创新主体缺少针对知识产权的系统部署和战略性安排，很少通过开展专利分析和专利布局引导研发活动，更不擅长在市场竞争中对知识产权进行战略性运用，如与技术标准结合、构建专利池等。二是在知识产权管理机构设置、专职人员配备等方面不足，很难适应创新发展的需要。三是知识产权转化运用仍然存在制度障碍。国有企事业单位在国有无形资产处置方面权责机制不明确、公认的价值评估和判断标准缺乏，导致其难以有效处置和运营本单位知识产权资产。

### 2.4.4　知识产权服务与基础环境存在短板

一是知识产权公共服务平台存在重复建设、缺乏后期持续投入的问题。不同知识产权领域之间存在“信息孤岛”，平台间未形成有效沟通渠道，国家、地方间平台相互支撑配合的模式尚未形成，公共投入的效能未得到充分发挥。部分公共服务平台运行机制不健全，后期投入不足，未进行有效的应用推广，公众对许多知识产权公共信息平台的认知度低，大部分平台未能有效发挥功能。二是知识产权人才培养存在不敷需求的问题，尤其是高端型、复合型、国际化人才紧缺，难以满足整个社会的需要。三是知识产权服务与市场需求仍有差距，服务行业不正当竞争现象依然存在，市场秩序有待进一步规范。知识产权商用化服务等非传统服务标准化建设推进缓慢，知识产权服务标准体系建设尚不能满足社会需要。

### 2.4.5　在知识产权国际事务中的应对能力亟待提高

在日益激烈的国际竞争中，我国在知识产权国际事务中的主动应对能力不足，参与区域知识产权国际合作的主动性和话语权与知识产权大国地位不相称。随着我国企业进入国际市场的步伐日益加快，亟须进一步加强构建区域性国际协商对话机制，拓展和深化知识产权事务国际合作，提高知识产权国际争端解决能力。

# 第3章 重点任务实施评估

国家知识产权战略围绕知识产权创造、运用、保护、管理和服务的“全链条”进行部署。过去十年，我国经济社会发展和知识产权事业发生了并正在发生着迅速而巨大的变化，国家知识产权战略的任务部署不断深化和丰富，新的战略措施、政策和行动陆续出台实施。国家知识产权战略的重点任务可以归纳为创造、运用、保护、管理、服务、国际合作发展、基础环境7个方面，具体包括26个任务要点。本章对这些重点任务的实施情况分别进行评估。

## 3.1 知识产权创造

国家知识产权战略关于知识产权创造主要包括4个任务要点：知识产权数量、知识产权质量、知识产权领域布局和知识产权创造的激励政策。

### 3.1.1 知识产权数量

提高知识产权拥有量，是国家知识产权战略的基本立足点之一。十年来，随着创新投入大幅增加和全社会知识产权意识的普遍提高，我国各类知识产权数量迅速增长，成为世界知识产权大国。

**第一，各类知识产权数量迅速增长**。

**一是专利数量**。专利申请及授权数量快速增长，2007～2017年，我国发明专利年申请量从24.5万件增长至138.2万件（参见图3.1.1），连续7年居世界第一位；发明专利年授权量从6.8万件增长至42万件；国内发明专利拥有量从9.6万件增长到141.4万件（参见图3.1.2），仅次于美国和日本，居世界第三位。每万人口发明专利拥有量由2007年的0.6件增至2017年的9.8件（参见图3.1.3）。

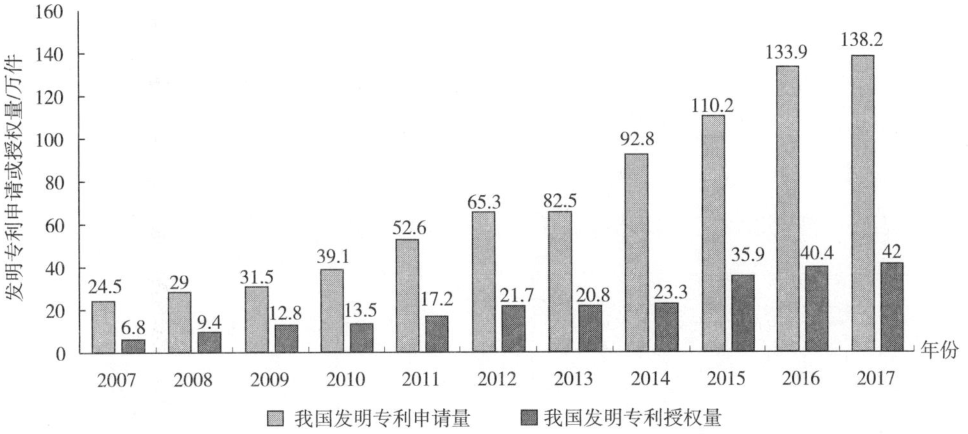


**图 3. 1. 1　2007 ~2017 年我国发明专利申请量和授权量**

**数据来源：**国家知识产权局统计年报。

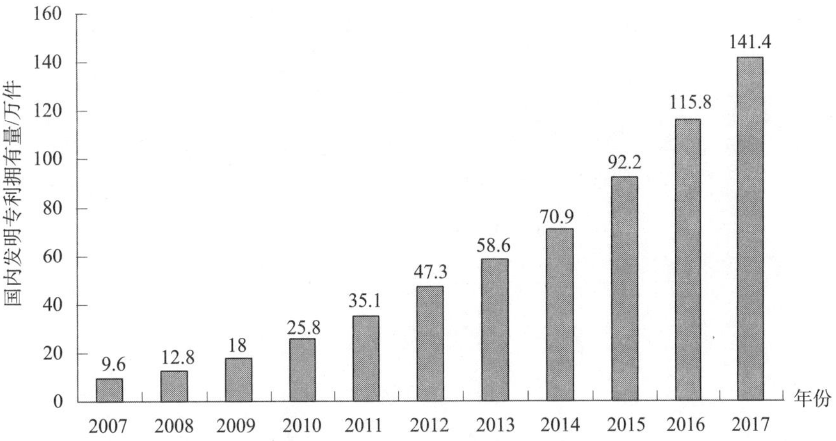


**图 3. 1. 2　2007 ~2017 年国内发明专利拥有量**

**数据来源：**国家知识产权局统计年报。

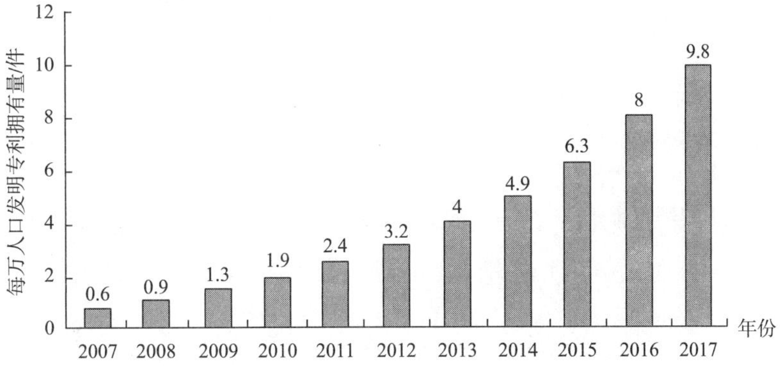


**图 3. 1. 3　2007 ~2017 年我国每万人口发明专利拥有量**

**数据来源：**国家知识产权局统计年报。

**二是商标数量**。近十年我国商标申请及注册数量快速增长，有效注册商标总量年均增长率为 20.3%，从 2007 年的 235.3 万件增长至 2017 年的 1492 万件（参见图 3.1.4）。商标注册申请量从 2007 年的 70.8 万件增长至 574.8 万件，连续 16 年居世界第一位。每万户市场主体有效注册商标量从 2011 年的 1074 件增长至 2017 年的 1520 件（参见图 3.1.5）。目前，平均每 6.7 个市场主体拥有 1 件有效商标。

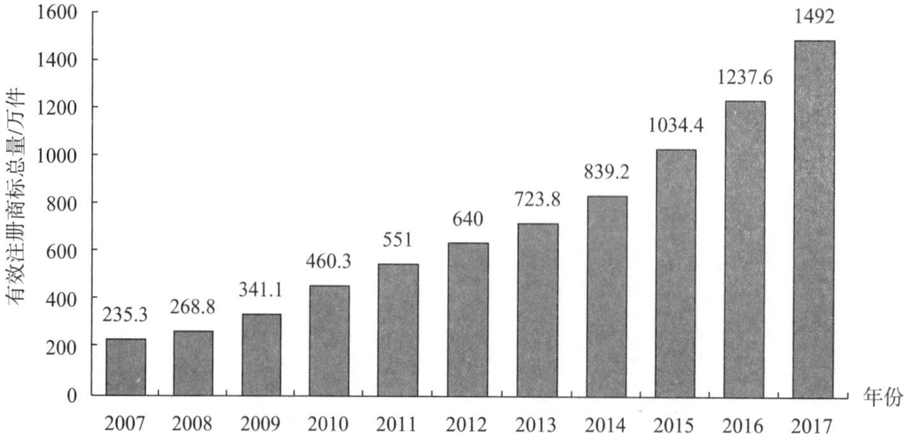


**图 3.1.4　2007～2017 年有效注册商标总量**

**数据来源**：原国家工商行政管理总局自查报告。

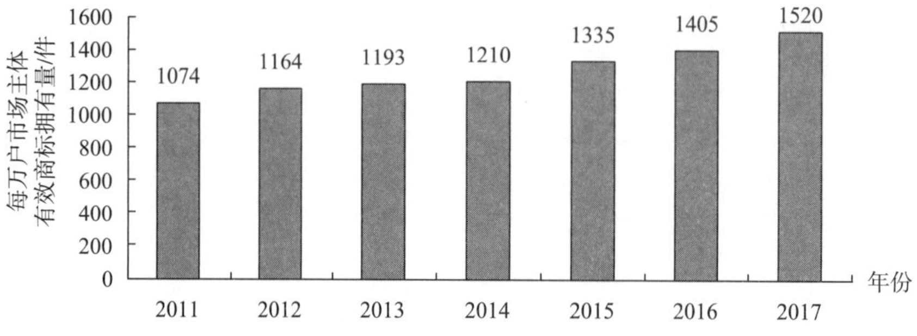


**图 3.1.5　2011～2017 年每万户市场主体有效商标拥有量**

**数据来源**：《中国商标品牌战略年度发展报告（2017）》。

**三是著作权登记数量**。近十年我国著作权（作品、软件、质权）登记数量快速增长，著作权年登记量从 2007 年的 15.85 万件增长至 2017 年的 274.77 万件（参见图 3.1.6），其中，计算机软件著作权年登记量从 2.57 万件增长至 74.54 万件。

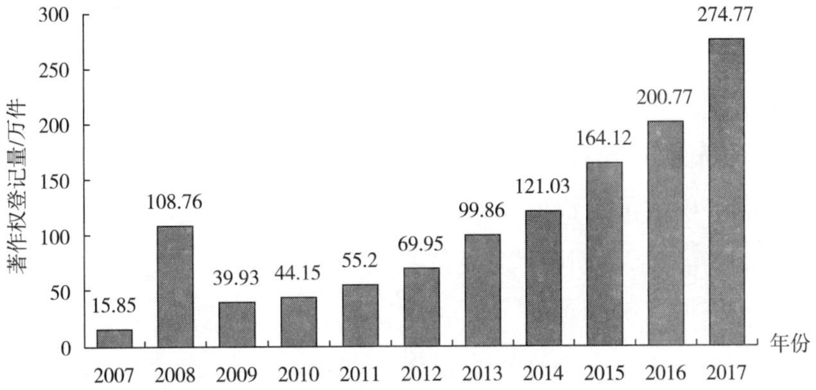


**图 3. 1. 6　2007 ~2017 年我国著作权年登记量（含计算机软件著作权）**

**数据来源：**国家版权局、中国版权保护中心统计数据。

**四是植物新品种数量**。通过加大品种权保护力度，我国植物新品种权的申请量逐年增加。我国农业和林业植物新品种权授权总量从 2007 年的 1616 件增长至 2017 年的 12 411 件（参见图 3. 1. 7）。2017 年我国植物新品种权申请量居国际植物新品种保护联盟成员国第一位。

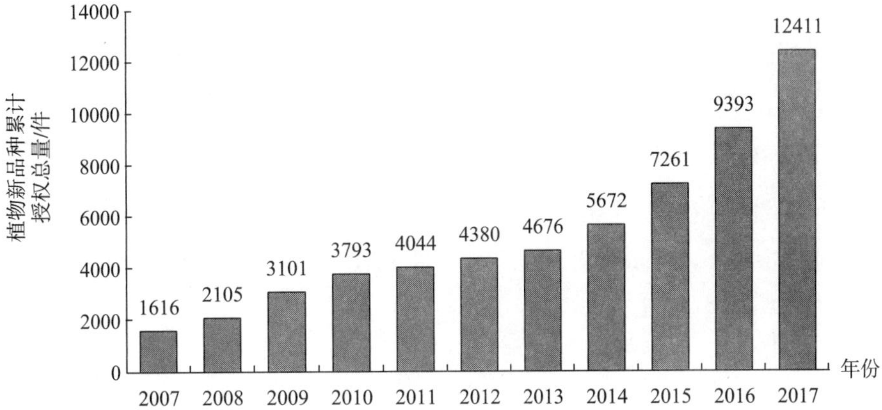


**图 3. 1. 7　2007 ~2017 年我国农业和林业植物新品种权授权总量**

**数据来源：**原农业部、原国家林业局自查报告。

**五是地理标志数量**。近十年我国地理标志商标和地理标志产品数量快速增长。地理标志商标累计注册量从 2007 年的 301 件增长至 2017 年的 3906 件；农产品地理标志产品累计颁证量从 2008 年的 121 件增至 2017 年的 2242 件（农产品地理标志备案始于 2008 年）；截至 2017 年底，共登记地理标志产品 2359 个，核准专用标志使用企业 8091 家。

**六是集成电路布图设计专有权数量**。近十年我国集成电路布图设计专有权登记数量快速增长。集成电路布图设计专有权登记总量从 2007 年的 1564 件增长至 2017 年的 16 713 件。其中，我国权利人申请的集成电路布图设计专有权登记占总量的 90%左右。

**第二，我国知识产权数量迅速增长是重视创新活动和知识产权的必然结果。**

我国知识产权数量的快速增长，主要动力来自国家知识产权战略和创新驱动发展战略的实施。我国大力发展战略性新兴产业，创新投入不断加大，创新活动蓬勃发展，各类创新主体的创新能力进一步提升，知识产权保护环境和创新环境不断优化，全社会知识产权意识普遍提高。同时，国家出台专利质量提升工程、商标品牌建设、版权工作“十三五”规划等系列政策，也极大地调动了企业等市场主体的积极性，促使产生更多的专利、商标、著作权（含计算机软件著作权）等知识产权。我国知识产权数量迅速增长，是我国高度重视创新活动、重视知识产权工作的必然结果。

### 3.1.2 知识产权质量

在各类知识产权数量大幅增长的同时，我国知识产权质量稳步提升，核心专利、知名品牌、版权精品等不断涌现。

**第一，PCT 专利申请量居世界第二位，高质量专利呈现快速增长态势。**

我国 PCT 专利申请年受理量从 2007 年的 5401 件增长至 2017 年的 50 674 件（参见图 3.1.8），跃居世界第二位。2017 年，我国提交 PCT 专利申请 100 件以上的国内企业达到 44 家，其中华为以 3850 件 PCT 专利申请高居全球首位。欧洲专

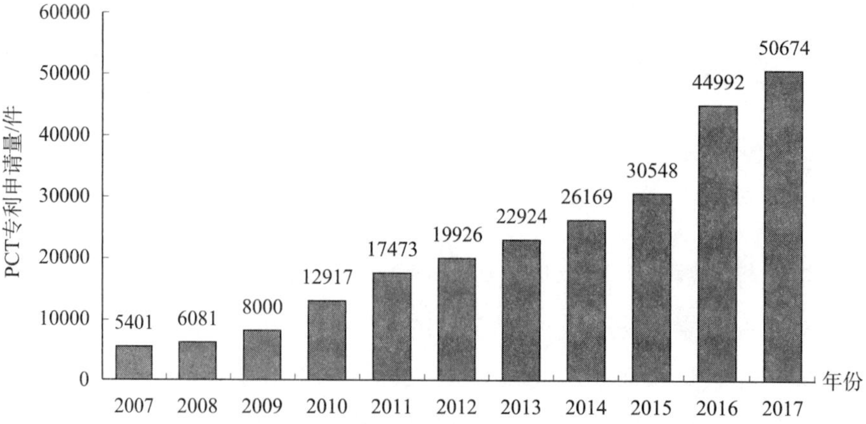


**图 3.1.8　2007～2017 年我国受理的 PCT 专利申请量**

**数据来源：** 国家知识产权局统计数据。

利局《2017 年年度报告》显示，我国企业在欧洲专利申请量居前三位的是华为（2398 件）、中兴通讯（679 件）和京东方（500 件）。这三家公司的申请量也进入 2017 年欧洲专利申请量前 50 名，其中华为排名首位。总体来看，我国发明专利的平均维持年限、维持 10 年以上的发明专利数量均在稳步提升，PCT 专利申请量不断增加，尤其是 2016 年上升幅度最大，同比增长 48.5%，表明我国具有国际竞争力的高质量专利呈现快速增长的态势。

**第二，我国申请人提交的马德里注册商标申请量居世界第三位，知名商标品牌不断增多。**

我国申请人的马德里商标累计有效注册量从 2007 年的 7135 件增长至 2017 年的 2.5 万件（参见图 3.1.9）。2017 年，我国申请人提交马德里商标国际注册申请 4810 件，同比增长 59.6%，在马德里联盟中排名第三位。根据世界品牌实验室（World Brand Lab）发布的 2017 年度“世界品牌 500 强”排行榜，我国 37 个品牌上榜（参见表 3.1.1），位居世界第五。

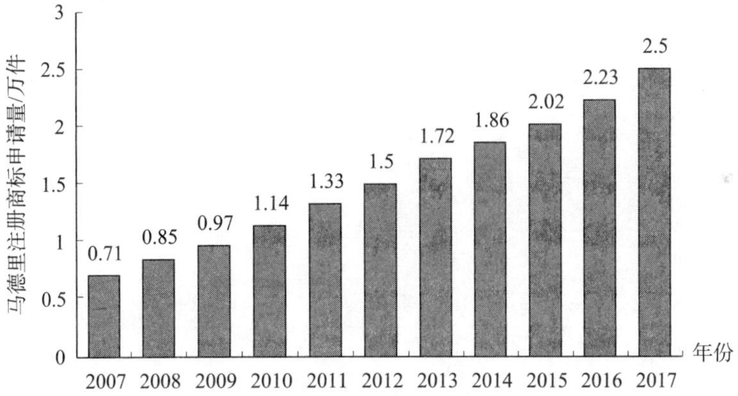


图 3.1.9　2007 ~2017 年我国申请人马德里累计有效商标注册量

**数据来源：**原国家工商行政管理总局自查报告。

表 3.1.1　2017 年“世界品牌 500 强”排行榜中的 37 个中国品牌

| 序号 | 国际排名 | 品牌名称 | 品牌年龄 | 行业 |
|---|---|---|---|---|
| 1 | 32 | 国家电网 | 15 | 能源 |
| 2 | 36 | 腾讯 | 19 | 互联网 |
| 3 | 50 | 海尔 | 33 | 白色家电 |
| 4 | 52 | 中国工商银行 | 33 | 银行 |

续表

| 序号 | 国际排名 | 品牌名称 | 品牌年龄 | 行业 |
|---|---|---|---|---|
| 5 | 59 | 中央电视台 | 59 | 传媒 |
| 6 | 64 | 华为 | 30 | 计算机与通信 |
| 7 | 74 | 阿里巴巴 | 18 | 互联网 |
| 8 | 78 | 中国移动 | 17 | 电信 |
| 9 | 100 | 联想 | 33 | 计算机与通信 |
| 10 | 132 | 中国石化 | 34 | 能源 |
| 11 | 139 | 中国石油 | 29 | 能源 |
| 12 | 143 | 中国人寿 | 68 | 保险 |
| 13 | 146 | 中国华信 | 16 | 能源 |
| 14 | 200 | 中国建设银行 | 63 | 银行 |
| 15 | 202 | 中国银行 | 105 | 银行 |
| 16 | 222 | 中粮 | 68 | 食品与饮料 |
| 17 | 231 | 中国平安 | 29 | 保险 |
| 18 | 236 | 百度 | 17 | 互联网 |
| 19 | 242 | 中国联通 | 23 | 电信 |
| 20 | 252 | 中国电信 | 17 | 电信 |
| 21 | 261 | 中信集团 | 38 | 多元金融 |
| 22 | 286 | 长虹 | 59 | 信息家电 |
| 23 | 290 | 中国国际航空 | 29 | 航空 |
| 24 | 295 | 中国中铁 | 67 | 工程与建筑 |
| 25 | 299 | 中国南方电网 | 15 | 能源 |
| 26 | 312 | 中国建筑 | 35 | 工程与建筑 |
| 27 | 315 | 青岛啤酒 | 114 | 食品与饮料 |
| 28 | 319 | 中国中车 | 2 | 交通运输 |
| 29 | 330 | 中国农业银行 | 66 | 银行 |
| 30 | 332 | 中化 | 67 | 能源 |
| 31 | 333 | 茅台 | 418 | 食品与饮料 |
| 32 | 338 | 五粮液 | 108 | 食品与饮料 |
| 33 | 356 | 人民日报 | 69 | 传媒 |
| 34 | 358 | 中国铁建 | 69 | 工程与建筑 |
| 35 | 363 | 新华社 | 86 | 传媒 |

续表

| 序号 | 国际排名 | 品牌名称 | 品牌年龄 | 行业 |
|---|---|---|---|---|
| 36 | 388 | 中国太平 | 88 | 保险 |
| 37 | 424 | 万科 | 33 | 房地产 |

**数据来源：** 世界品牌实验室编制的 2017 年度“世界品牌 500 强”。

**第三，精品版权和优秀影视作品不断涌现。**

2007 ~ 2017 年，国家出版基金共遴选资助 3300 多个优秀出版项目，其中 2300 多个项目已推出成果，近 500 项成果获得精神文明建设“五个一工程奖”“中国出版政府奖”等国家级奖项。影视作品是重要的版权类型，近年来国产电影、电视剧数量和质量均显著提升，市场反响良好，涌现出一批讴歌新时代、奏响主旋律的优秀国产影视作品。深入实施“丝绸之路影视桥”等重点工程，与“一带一路”沿线国家版权贸易量近 6000 种。2017 年全国制作完成并获得发行许可的电视剧共 314 部，电视剧整体品质稳步提升。2017 年全国电影总票房超 559 亿元，是 2007 年的 16. 8 倍。

**第四，优良植物新品种稳步增加。**

我国植物新品种权申请量逐年增加，2016 年申请量位居国际植物新品种保护联盟成员国第一。新品种、好品种不断涌现，授权品种中涌现出一批优秀的水稻、玉米、小麦品种，尤其是推广面积前十位的品种几乎全部是授权品种。国内种子企业投资育种的积极性高涨，投资金额平均年增长率在 20% 以上。

**第五，尽管我国知识产权的总体质量稳步提高，但国际化程度较低。**

随着我国经济迅速发展和创新能力增强，知识产权国际化程度低更加凸显为我国在全球经济版图中的“短板”。2017 年 12 月 WIPO 发布的《世界知识产权指标报告 2017》指出，与其他国家相比，我国存在申请人向国外申请专利、商标的比例较低，知识产权海内外申请不平衡等问题。

在专利领域，我国向国外提交的专利申请尽管快速增长，但仍只占全部申请的 4%，而日本和美国的国外专利申请占到 45% 左右，印度和巴西也分别占到 47. 3% 和 29. 2%。从 2016 年各国在海外获得的发明专利授权量来看，中国仅为 2 万件，排名全球第七位，与排名第一位的美国（13. 3 万件）相比不足其 1/6。因此，尽管我国有少数企业在全球的海外专利申请中排名靠前，但绝大多数企业还缺乏海外专利布局，PCT 专利申请优势企业数量仍显不足，而且海外专利申请集中在少数领域和产业。目前，我国在若干前沿技术领域已经形成一定的技术领先优势，建议进一步加强前沿技术领域的海外专利布局，引导企业加强海外专利申请，为我国新产业的发展提供竞争优势。

在商标领域，我国商标海外申请比例与发达国家相比差距明显。瑞士的申请人向国外提交的商标申请数量占申请总量的72%，美国占46%，德国占40%，而我国居民的商标海外申请比例仅占4%。从企业层面看，我国工业企业规模扩张速度远远快于品牌国际化的发展速度。从最近几年数据对比来看，我国有上百家企业进入“世界财富500强”（以销售收入计），从2015年的106家增长到2018年的120家。其中，2018年7月发布的《财富》世界500强榜单中，我国上榜公司达到120家，接近美国的126家，远超第三位的日本（52家）。但从世界品牌实验室发布的“世界品牌500强”榜单来看（以品牌价值与影响计），虽然我国上榜公司从2015年的31家增长到2017年的37家，但对比发现，欧美主要国家的“品牌500强”数量超过“财富500强”数量，而我国的世界“品牌500强”数量远低于“财富500强”数量。因此，应加强政策引导，鼓励并支持创新驱动和品牌发展深度融合，将培养和推广我国工业品牌、提升品牌知名度作为其中一项重点，大力提升我国工业品牌的国际影响力与竞争力。

### 3.1.3 知识产权领域布局

通过加强知识产权领域布局，引导、助力创新，在战略性前沿技术领域形成了一批核心技术知识产权，我国成为全球战略性新兴产业发明专利申请增长的主要动力。

**第一，通过专利导航引导高技术产业和新兴产业创新发展，支撑产业转型升级。**

近年来，围绕专利导航试点工程，国家知识产权局先后发布一系列政策指导文件；以国家战略需求为导向，围绕战略性新兴产业、面向部分重点行业协会和骨干企业，先后批复设立17个国家专利导航产业发展实验区、37个国家专利协同运用试点单位、115个国家专利运营试点企业；出台《产业规划类专利导航项目实施导则》和《企业运营类专利导航项目实施导则》，引导地方大力开展专利导航项目，助力区域产业转型升级，帮助企业加强知识产权战略储备与布局；批复设立3个国家专利导航项目研究和推广中心，不断加强专利导航理论、实务研究和人才培养。各地在做好选定产业领域专利导航的同时，开展高价值专利培育、关键技术专利布局以及知识产权运营人才培养等试点工作，形成了区域特色。例如，江苏省在全国率先实施了高价值专利培育示范中心建设，并在省级重点企业知识产权战略推进计划中明确实施专利导航的要求。

**第二，我国战略性前沿技术领域形成一批核心技术知识产权**。

通过实施国家知识产权战略，我国在信息通信、航空航天、高铁、核能等国民经济支柱性产业、战略性前沿技术领域逐步形成一批核心技术知识产权。“天宫”“蛟龙”“天眼”“悟空”“墨子”“大飞机”等重大科技成果集合专利、商标、软件著作权、技术秘密等知识产权，有力地支撑了创新型国家建设。

我国标准动车组“复兴号”实现 350 公里时速商业运营，全国高速铁路里程已经占全世界总里程 60% 以上；电动汽车、新能源汽车的产销量和保有量均占全世界 50% 以上；5G 新型网络架构等技术纳入国际标准，华为等通信企业在 5G 标准制定中掌握较强的话语权；特高压输电技术不断刷新世界纪录，已形成国际标准 14 项，在全世界推广。

### 专栏 3.1.1　华为等通信企业抢抓技术升级换代机遇，逐步实现对欧美龙头企业的赶超

移动通信产业是技术高度密集、投资高度密集、专利高度密集、风险高度密集的战略性关键产业，市场竞争极其激烈，市场成长空间及容量也极其巨大，为欧、美、日各发达国家及其龙头企业所瞩目。

在移动通信产业从 2G、3G、4G 直至今天正在孕育的 5G 的发展演进历程中，我国通信产业也经历了一个 2G 时代被动追随、3G 时代初具积累、4G 时代比肩对手的艰难历程；目前，在 5G 移动通信技术的竞争中，我国以华为为典型代表的企业已经在若干关键技术上占据主导地位。

总体上，在 3G 时代，移动通信产业的专利技术竞争优势主要掌控在以高通为代表的欧美通信龙头企业手中，3G 通信标准必要专利多为其所控制；我国企业虽然在 TD - SCDMA 等技术路线上初步形成了一定的专利技术积累，但仍明显受到掌控基础专利的高通等欧美企业的制约。

4G 时代，我国华为等一批通信企业积极投入技术研发和专利储备，在无线接口架构和协议技术上，华为与第二梯队的三星、高通以及 LG 在 3GPP 标准提案数量上已经不相上下，成为有力的竞争者；在偏应用层的 UTRAN/E - UTRAN 的整体架构以

及相关接口协议和标准上，我国华为和中兴通讯拥有的相关在华专利申请数量均名列前茅；但在最底层的物理层相关技术上，高通、爱立信、诺基亚等老牌通信企业仍占据领先地位。

5G 时代，我国以华为为代表的通信企业积极前瞻研发，整体上拥有较强的专利技术竞争实力，并在多个关键技术上领先欧美龙头企业。一方面，华为等通信企业在大规模无线、高频段通信、新型多载波、新型多址和全双工等 5G 关键技术上积累了较多专利，居全球 5G 专利申请量首位；另一方面，特别值得一提的是，华为等通信企业积极参与 5G 通信技术标准制定，在 5G 无线接入关键技术领域形成了自己主导的技术，所拥有的相关专利申请量和标准提案量在全球名列前茅，在 5G 标准制定中已形成较强的话语权。

（资料来源：国家知识产权局知识产权发展研究中心）

**第三，我国是全球战略性新兴产业发明专利申请增长的主要动力。**

数据显示，2012～2016 年，我国是全球战略性新兴产业发明专利申请增长的主要动力。我国战略性新兴产业发明专利申请量从 2012 年的 16.7 万件增加至 2016 年的 34.4 万件，在全球的占比由 2012 年的 27.0% 上升为 2016 年的 44.3%（参见图 3.1.10）。截至 2016 年 12 月 31 日，我国战略性新兴产业有效发明专利共 71.9 万件，其中国内有效发明专利达到 42.9 万件，占战略性新兴产业有效发明专利的比重为 59.6%。其中，节能环保、新能源、生物、新材料、高端装备制造五大产业的国内发明专利数量高于国外在华发明专利数量，新一代信息技术和新能源汽车产业的国内发明专利数量略低于国外在华发明专利数量（参见图 3.1.11）。

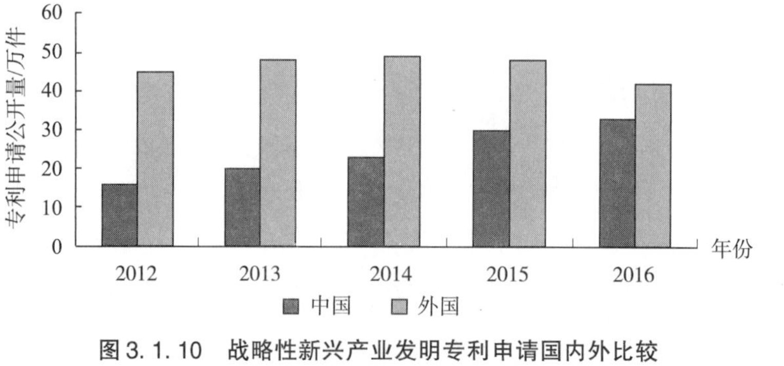


**图 3.1.10　战略性新兴产业发明专利申请国内外比较**

**数据来源：**国家知识产权局《战略性新兴产业专利统计分析报告（2017 年）》。

在人工智能、云计算、机器人等新兴技术领域，提前专利布局可能实现“弯道超车”。乌镇智库的数据显示，在人工智能专利数上，2016 年中国新增的人工智能专利数突破 9000 件，超过美国的 2 倍。中国人工智能企业数量、专利申请

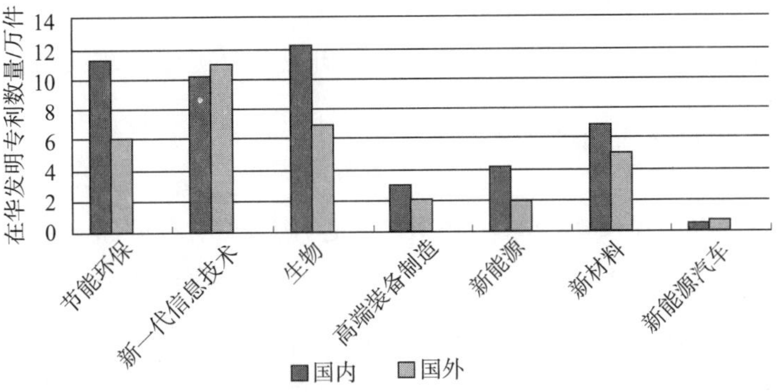


图 3.1.11　截至 2016 年战略性新兴产业国内外在华发明专利分布

**数据来源：**国家知识产权局《战略性新兴产业专利统计分析报告（2017 年）》。

数量及融资规模均仅次于美国，位列全球第二。云计算也是如此。全球权威的调查机构加特纳（Gartner）公布的 2017 年第三季度全球服务器市场报告显示，在全球服务器市场份额前六位企业中，有 3 家来自中国；在云服务器市场份额前六位中，包括浪潮、联想、曙光、华为 4 家中国企业。而在技术创新方面，中国企业申请的服务器专利数量也位居全球前列。

### 3.1.4　小结

随着国家知识产权战略的实施，我国知识产权申请量和拥有量快速增加，成为世界知识产权大国。目前，我国知识产权创造呈现“量质齐升”的良好局面，知识产权事业呈现出与时俱进的蓬勃发展态势，为实现迈向知识产权强国的更高目标奠定了坚实基础。

十年来，国家知识产权战略的实施，有力地提升了我国科技创新的知识产权创造水平，推动关键技术领域取得重大核心技术知识产权。知识产权创造引领战略性新兴产业发展，抢占新兴产业国际竞争制高点，重塑世界产业格局，为创新型国家建设提供了重要支撑。同时，我国专利商标海外申请比例低，专利海外布局及世界品牌培育亟待加强。

## 3.2　知识产权运用

国家知识产权战略关于知识产权运用主要包括 5 个任务要点：知识产权运用

模式、知识产权运用促进经济发展和民生改善、高校和科研机构知识产权转化运用、军民融合知识产权双向转化运用、促进知识产权运用的政策与公共服务。

### 3.2.1 知识产权运用模式

国家知识产权战略实施以来，知识产权运用模式不断创新，知识产权资本化运营蓬勃发展，知识产权在技术标准中的运用日益受到重视，知识产权在促进产业转型升级和民生改善方面发挥了更大作用，知识产权运用效益明显提升。

**第一，知识产权交易量快速增长，交易额显著提升。**

专利转让次数由 2009 年的 3.4 万次增长到 2017 年的 22.3 万次（参见图 3.2.1）。商标专用权转让数量从 2008 年的 7.22 万件跃升至 2017 年的 25.38 万件，持续快速增长（参见图 3.2.2）。

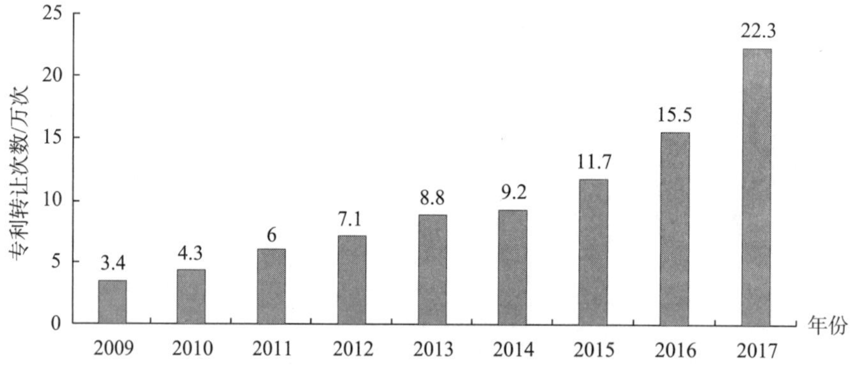


**图 3.2.1 2009 ~2017 年专利转让次数**

**数据来源：** 国家知识产权局。

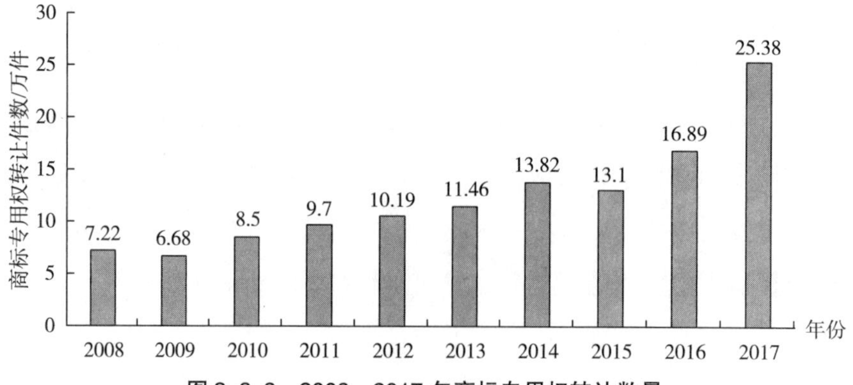


**图 3.2.2 2008 ~2017 年商标专用权转让数量**

**数据来源：** 原国家工商行政管理总局商标局。

技术交易市场日趋活跃，2008 ~2017 年我国技术市场交易额从 2665 亿元持续增加到 13 424 亿元，占 GDP 比例从 0.89% 持续增加到 1.64%（参见图 3.2.3）。2017 年，涉及专利的技术合同超过 15 000 项，成交额突破 1400 亿元，同比增长近 10%。

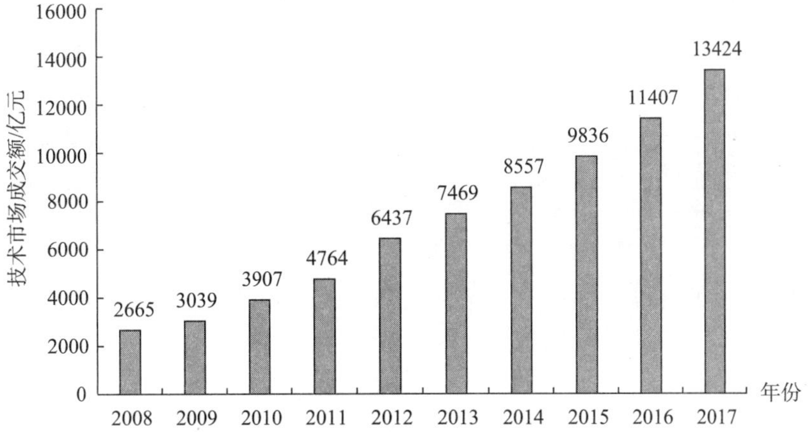


**图 3.2.3　2008 ~2017 年技术市场成交金额**

**数据来源：**《2017 全国技术市场统计年度报告》《2017 年全国技术市场交易简报》。

**第二，知识产权运用模式不断创新，新兴业态方兴未艾。**

我国稳步推进专利导航试点工程，把专利运用嵌入产业技术创新、产品创新、组织创新和商业模式创新。同时，鼓励市场主体以知识产权协同运用为基础，组建"产学研金介用"深度融合的知识产权联盟，加强产业关键领域知识产权运营。至 2017 年，共认定专利协同运用试点单位 37 个，组建产业知识产权联盟 105 家。20 个省份设立了重点产业知识产权运营基金，计划募资总规模超过 81 亿元，实际募资达 42 亿元，已有 14 支基金完成设立组建工作，其中 6 支基金已投资 10 余个项目。4 个省份设立知识产权质押融资风险补偿基金，有效促进了知识产权与创新资源、产业发展、金融资本的有机融合。知识产权收储、运营、保险、托管、股权投资、拍卖等新业态逐步兴起，2017 年，专利保险金额 99.85 亿元，同比增长 170.6%。

**第三，知识产权质押融资日趋活跃，融资规模不断扩大。**

2017 年，专利质押项目数达 4177 件，专利质押融资总额为 720 亿元，比 2009 年（74.6 亿元）增长近 9 倍（参见图 3.2.4）；著作权质押融资金额为 29.74 亿。自 2011 年《著作权质权登记办法》实施以来至 2017 年底，著作权质权登记总数为 3224 件，质押融资总额达 200 亿元。2008 ~2017 年，商标质押融资金额由 51.19 亿元提高到 370.23 亿元（参见图 3.2.5）。知识产权质押融资已经成为常态化融资模式。

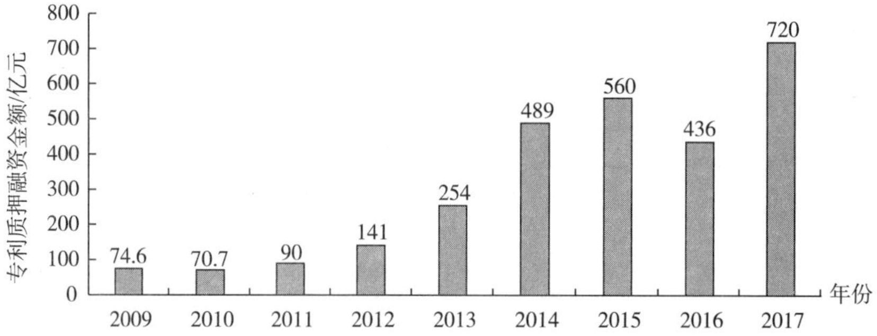


图 3.2.4 2009～2017 年专利质押融资金额

**数据来源：**《2016 年中国专利运营状况研究报告》《二〇一七年中国知识产权保护状况》。

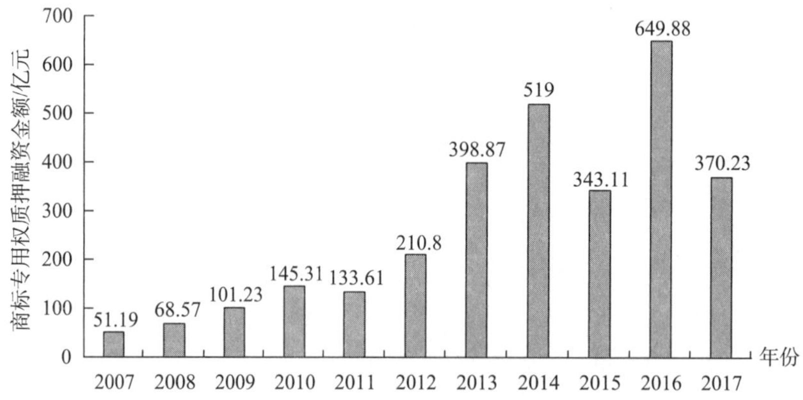


图 3.2.5 2007～2017 年商标专用权质押融资金额

**数据来源：**2007～2016 年各年度《中国商标品牌战略年度发展报告》《二〇一七年中国知识产权保护状况》。

**第四，知识产权在技术标准中的运用日益受到重视。**

2013 年，国家标准化管理委员会和国家知识产权局联合发布《国家标准涉及专利的管理规定（暂行）》，规定了国家标准制定和修订过程中专利问题的处置要求和程序。大唐电信、华为等企业加入或组建重要技术标准的国际专利池，中国科学院计算技术研究所牵头的 AVS 标准形成了国际通行标准。

2007～2016 年，我国参与制定的国际标准累计达 1705 项（参见图 3.2.6），其中主导制定并发布的 ISO/IEC 国际标准达 301 项，占我国累计主导制定并发布 ISO/IEC 国际标准总数 369 项的 81.6%。我国企业不断强化知识产权与技术标准的结合，涌现了一批典型案例。我国特高压输电技术已形成国际标准14项，确立了我国在该领域国际竞争中的话语权。大唐电信研发并推动实施了3G移动通信国际标准TD－SCDMA，并拥有4G移动通信TD－LTE的核心基础专利。2012年，我国提交的TD－LTE－Advanced被国际电信联盟确定成为4G移动通信国际标准，正式成为两大4G国际标准之一。在5G标准进程中，中国提案数量占全球提案总量的1/3，形成了一批纳入国际标准的核心专利，构筑了在未来通信领域的先发优势和有利地位。

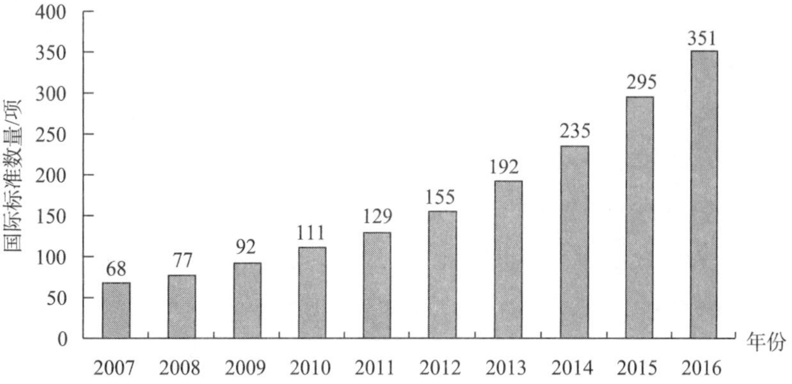


**图3.2.6 2007～2016年我国参与制定的国际标准数量**

**数据来源：**原国家质量监督检验检疫总局。

### 3.2.2 知识产权运用促进经济发展和民生改善

国家知识产权战略实施以来，专利、商标、版权等知识产权运用效益日益显著，植物新品种、地理标志在强农富农、精准扶贫等领域促进民生改善，对经济社会发展的贡献度显著提升，促进了中华传统文化和传统技艺弘扬传承。

**第一，知识产权运用从单一效益向综合效益转变，经济贡献不断提升。**

**一是专利运用**。2017年，我国专利密集型产业增加值占GDP比重达12.4%，比2010年提高了3.2个百分点；各类重点产业知识产权运营基金首期募集资金42.8亿元；知识产权使用费出口额为47.86亿美元，同比增长311.5%，增速居国内服务贸易之首。专利运用提升核心竞争力的典型案例不断涌现，高铁领域一批核心知识产权为“复兴号”大规模产业化提供了强有力的支撑保障。拥有知识产权的特高压交流输电技术、成套设备及工程应用荣获2013年国家科技进步奖特等奖，我国专利运用的经济效益日益显著，对经济社会发展的贡献显著提升。

**二是商标品牌运用**。我国大力推动由“产品经济”向“品牌经济”转型，推进产业和区域品牌建设，支持企业实施商标品牌战略，促进企业走品牌发展之路。根据《中国商标品牌战略年度发展报告（2017）》，我国企业商标品牌价值不断增长，品牌引领经济发展的作用更加凸显。据有关机构统计，过去 12 年我国品牌价值整体增长 937%，已经占全球品牌百强总价值的 11%，成为全球品牌价值提升最快的国家。同时，与发达国家相比，我国品牌创造经济效益的能力依然有较大提升空间。据 WIPO 统计，2014 年，每千亿美元 GDP 的经济效益在美国由 2175 件商标创造，而在我国则是由 12 071 件商标创造，美国平均每件商标产生的实际经济效益是我国的 6 倍。

**三是版权运用**。我国版权产业的行业增加值从 2008 年的 1. 9 万亿元增长到 2016 年的 5. 5 万亿元，占全国 GDP 的比重从 6. 51% 增长到 7. 33%，对国民经济贡献年均增长率 15. 8%。网络核心版权产业行业规模从 2006 年的 163. 8 亿元增长到 2017 年的 6365 亿元，年增长率保持在 30% 以上，产业规模增长近 40 倍。作为创新驱动发展的重要推动力，版权产业尤其是核心版权产业对我国转变经济发展方式起到了重要作用，为我国经济发展质量和效益提升提供了有力支撑。

**第二，知识产权在强农富农、精准扶贫等领域运用成效显著。**

**一是优良植物新品种得到有效推广运用**。陕西杨凌农业高新技术产业示范区自 2010 年以来累计审定植物新品种超 500 个，小麦新品种累计推广 1 亿多亩，增产粮食 25 亿公斤；油菜新品种累计推广 1200 多万亩，是我国“双低油菜”中推广面积最大的杂交油菜品种，为强农富农、保障国家粮食安全作出了贡献。中国林业科学研究院林业研究所的绿色植物生长调节剂系列专利产品广泛应用于 1582 种植物，推广面积达 2. 06 亿亩，覆盖全国 80% 的县（市），育苗 74. 87 亿株，经济效益达 91. 24 亿元，推广到全球 31 个国家和地区。林木育苗新技术成果已在我国南北方 20 余个省区大规模推广应用，建立育苗生产线和基地 300 余处。

**二是运用地理标志、专利产业化项目等进行精准扶贫**。全国各地普遍建立了以地理标志为纽带的“公司 + 地理标志 + 农户 + 基地”的产业模式，形成了地理标志产品生产、加工、物流等一条龙的完整产业链，将地理标志产品与贫困地区特色资源相结合，变地缘优势为经济优势，促进农村经济发展。四川的“紫云猕猴桃”成功注册地理标志商标后产值不断增长，地理标志从业人数呈逐年增加趋势，年产值和从业人数均增长了 3 倍以上。根据第三方研究数据，地理标志商标注册后产品价格平均增长 50.11%，带动相关产业发展的产值比达 1：5.2，已有 53.38% 的地理标志相关产业发展成为区域经济的支柱产业，来自地理标志产业的收入占产地农民总收入的 65.94%。甘肃省获保国家地理标志产品 56 个，总产值达 146 亿元，直接从业人数 326 万人；贵州省获保国家地理标志产品 117 个，从业人员 200 余万人，辐射 3000 余家企业。。

**第三，有效促进了中华传统文化和传统技艺弘扬传承。**

通过地理标志保护，宜兴紫砂壶、扬州漆器、武汉汉绣、南京云锦、汶川羌绣等一批濒临失传的中华传统技艺得到了传承，产业获得了发展。曾一度出现产业危机的蜀绣，2013 年获得国家地理标志产品后，近 100 种传统针法和 30 多种常用针法得以传承发展。徽墨、歙砚、宣纸、湖笔、端砚等文化产品，走出了内涵式发展的道路。湖北蕲春通过对蕲艾实施地理标志产品保护，将蕲艾发展成年产值 30 亿元的中药支柱产业。此外，中华老字号的品牌效应，显著促进了中国传统手工艺传承发展，有效带动了中医药、中餐等民族产业不断向国际市场开拓。承载着中国传统文化的中华老字号已成为提振民族产业发展的重要突破力量。

**第四，加强集成电路布图设计专有权利用，促进集成电路产业发展。**

2011 年国务院印发《进一步鼓励软件产业和集成电路产业发展的若干政策》，明确加大对集成电路布图设计专有权的保护力度，将促进集成电路布图设计专有权的有效利用作为推进集成电路产业发展的重要措施之一。持续利用国家科技重大专项、集成电路研发专项资金等渠道，重点支持集成电路产业的核心技术突破和关键产品创新，引导企业及时获取和有效运用集成电路布图设计专有权。

### 3.2.3 高校和科研机构知识产权转化运用

国家知识产权战略实施以来，高校和科研机构知识产权转化运用政策环境显著改善，知识产权转化运用日趋活跃，知识产权运用管理模式不断探索创新，知识产权运用管理能力还有待提升。

**第一，高校和科研机构知识产权运用的政策环境显著改善。**

**一是科技成果知识产权处置、使用、收益改革显著推进。**高校和科研机构对持有的科技成果和知识产权可以自主决定转让、许可或者作价投资，不再进行审批和备案，极大提高了高校和科研机构知识产权运用的自主性和效率。

**二是职务发明人优先实施政策得到落实。**允许职务发明人在不变更职务发明权属的前提下，根据其与本单位的协议转化运用职务发明，并享有协议规定的权益，允许职务发明人采取兼职、离岗创业、在岗创业等方式开展科技成果和知识产权转化运用，极大调动了职务发明人知识产权运用的积极性。

**三是职务发明人激励力度不断加大**。北京、山东允许对完成转化科技成果知识产权作出主要贡献人员奖励报酬的比例提高到70%；黑龙江允许高校提高到95%，江苏允许将比例提高到99%；河南则规定可将全部科技成果和知识产权转移转化收益奖励给职务发明人；四川在《中共四川省委关于全面创新改革驱动转型发展的决定》中提出，以明确科技成果权属为突破口，完善科技成果资本化产业化制度，为西南交通大学探索建立"职务科技成果混合所有制"、打破高校科技成果转化的藩篱提供了政策支持。西南交通大学试行职务科技成果混合所有制改革以来，已有超150件职务发明专利完成分割确权，10余家高科技公司成立。这些激励措施有效调动了职务发明人专利转化运用的积极性和主动性。

**第二，高校和科研机构知识产权转化运用日趋活跃**。

根据《2016年中国专利运营状况研究报告》统计数据，截至2016年底，全国高校总共运营专利30 665件，其中专利转让20 626件，专利许可10 637件，专利质押融资613件，专利转让依然是运营的主体。从历年分布情况看，专利转让近些年逐渐升温，自2013年起，高校的专利转让量保持在3000件以上，而专利许可近些年发展相对平缓，每年维持在1000余件（参见图3.2.7）。2008~2016年，中国科学院累计转移转化知识产权（转让、许可、自行实施、作价入股、技术开发、技术服务）从257件增加到1154件，金额从6.42亿元提高到25.6亿元。

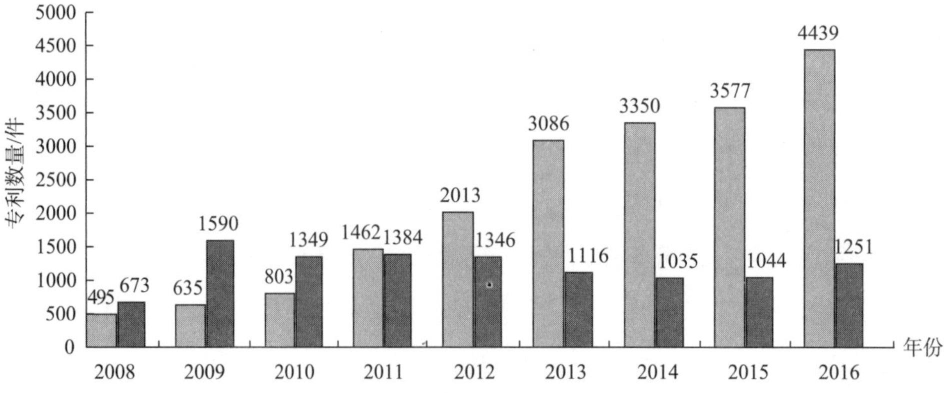


**图3.2.7　中国高校专利转让和许可数量**

**数据来源**：《2016年中国专利运营状况研究报告》。

**第三，高校和科研机构知识产权运用管理模式不断探索创新。**

我国很多高校和科研机构按照法律和政策规定，加强对科技成果转化的管理和促进，灵活多样的知识产权运用模式不断涌现，部分高校和科研机构参照国外模式建立了专门的知识产权管理运营机构。清华大学在 2015 年 10 月成立了成果与知识产权办公室，实现了专利管理、法务和技术转移的融合，专利转化实施率达到 40%；成都中医药大学 2017 年 7 月成立全国首家中医药知识产权运营中心；中南大学采取依托知识产权管理部门承担运营职责的模式，成立书记和校长为组长的领导小组，强力推动学校知识产权运营工作开展；武汉工程大学采取自建专业化、市场化的专利运营机构的模式，成立湖北知识产权与技术转移中心，为陶瓷膜 8 项专利技术作价入股 2128 万元搭建了转化平台；同济大学采取委托校外专利运营服务机构的模式，成功将高性能激光薄膜器件及装置 6 项专利以 3800 万元转让。中国科学院系统也逐步探索多种知识产权运用模式，采取“行政 + 市场化”的成果转化工作模式。2009 年成立深圳中科院知识产权投资有限公司，2015 年成立中科院创新孵化投资有限责任公司，2016 年成立中国科学院知识产权运营管理中心，形成了较为完整的知识产权运营管理体系。

**第四，高校和科研机构知识产权运用管理能力有待提升。**

高校和科研机构是重要的知识产权创造主体，也是重要的知识产权运营主体，但我国知识产权运营体系建设政策主要针对服务机构，缺乏对高校和科研机构内部运营机构的支持，高校和科研机构对内部知识产权运营机构的重视程度还不够。我国多数高校和科研机构知识产权运营主要通过外部服务机构模式，相较而言，国外高校和科研机构大都建立有内部机构运营知识产权，内部机构占运营机构的比例高达 93% 左右，且多采取知识产权、技术转移管理职能和投资职能三合一的集中管理模式，每个机构配备少则几十人多则上百人的专门人员，具备专业化知识产权运营管理能力。我国高校和科研机构的知识产权运用管理能力与国外先进水平存在较大差距，整体水平有待进一步提升。

### 3.2.4　军民融合知识产权双向转化运用

促进国防知识产权向民用领域转移，鼓励民用领域知识产权在国防领域运用，是国家知识产权战略的重要内容。国家战略实施以来，我国稳步推进军民融合知识产权双向转化运用，取得了一定成效。

**第一，促进军民知识产权双向转化运用的政策和配套措施逐步推出。**

2016年，中共中央、国务院、中央军委联合印发《关于经济建设和国防建设融合发展的意见》，明确提出“引导民用领域知识产权在国防和军队建设领域运用，鼓励国防知识产权向民用领域转化”。2017年，科学技术部与中央军委科学技术委员会共同发布了《“十三五”科技军民融合发展专项规划》，部署了促进军民科技成果双向转化的重点任务。中央军委装备发展部发布规范，对装备科研、订购、维修保障活动中处置、运用知识产权进行了详细规定。此外，中央军委装备发展部还集中解密国防专利3000余件，脱密国防专利信息4000余条，在全军武器装备采购信息网集中发布，面向社会提供军民两用技术资源。国家国防科技工业局、财政部、国家知识产权局联合发布《关于国防科技工业推进知识产权强国建设的指导意见》，明确“十三五”国防科技工业知识产权工作的指导思想、基本原则和目标任务，充分发挥知识产权制度的基础性作用，合力推动国防科技工业创新融合发展。

**第二，知识产权军民融合服务体系建设不断加强。**

各部委、地方政府积极建设知识产权军民融合公共服务平台，财政部、国家知识产权局在西安建设的国家知识产权运营军民融合特色试点平台加快形成了“军工+地方”可复制可推广建设模式；工业和信息化部发布了《军民融合科技服务机构推荐名录》，遴选了一批线上线下知识产权军民融合服务典型。国家国防科技工业局自2015年起，联合国家知识产权局连续3年编制发布《国防科技工业知识产权转化目录》，累计公布知识产权信息1480条，加大国防科技工业领域知识产权转化应用推介力度，服务经济社会发展。

**第三，军民知识产权双向转化运用的成功案例不断增加。**

自2009年起，工业和信息化部按年度编制《民参军技术与产品推荐目录》和《军用技术转民用推广目录》，力求通过两“目录”的编制与发布促进供需双方了解，促成和深化合作进程，加快军民用技术相互转化，推动军民用技术双向转移等。截至2017年，工业和信息化部共发布两“目录”各8期，共向民用领域推广军工技术1143项，向国防军工领域推荐具有军用潜力的民用优势技术1110项。

### 3.2.5 促进知识产权运用的政策与公共服务

国家知识产权战略实施以来，我国促进知识产权运用的政策环境不断优化，初步形成了促进科技成果转化的政策法规体系，知识产权运营公共服务体系基本建立。

**第一，促进知识产权运用的政策环境不断优化。**

2015 年 8 月，全国人大常委会修订《促进科技成果转化法》；2016 年 3 月，国务院颁布《实施〈中华人民共和国促进科技成果转化法〉若干规定》；2016 年 5 月，国务院办公厅印发《促进科技成果转移转化行动方案》。三部法律规范对促进成果转化进行了整体考虑和系统性部署，形成了从修订法律条款、制定配套细则到部署具体任务的科技成果转移转化工作“三部曲”，使我国已经初步形成了具有中国特色的促进科技成果转化政策法规体系。2016 年 12 月，国务院发布《“十三五”规划》，明确提出促进知识产权高效运用的重点任务，提出要完善知识产权运营公共服务平台，创新知识产权金融服务，加强知识产权协同运用。

**第二，知识产权运营公共服务体系基本建立。**

我国运用财政手段支持了一批运营机构的建设和发展，以全国平台为骨干，地方平台为基础，社会平台积极参与的知识产权运营体系初步建立。国家知识产权局和财政部 2014 年确定建设全国知识产权运营公共服务平台。国家知识产权局 2015 年初发布的《2015 年全国专利事业发展战略推进计划》第一次提出“高标准建设知识产权运营体系”和“1 + 2 + 20 + n”的建设思路。2016 年，国家知识产权局批复苏州等 10 个城市为首批国家知识产权强市创建市，要求着力抓好知识产权运营服务体系建设等重点工作。2016 年，工业和信息化部、国家知识产权局联合印发《关于做好军民融合和电子信息领域高价值知识产权培育运营工作的通知》，大力支持军民融合和电子信息领域知识产权运营。自 2017 年 12 月以来，国家知识产权局陆续批复深圳、北京、上海建设南方知识产权运营中心、汽车产业知识产权投资运营中心和知识产权国际运营特色试点平台，在区域性、产业性、功能性平台建设布局上迈出新步伐。目前“平台、机构、资本、产业”四位一体的全国知识产权运营公共服务体系初步形成。

### 3.2.6　小结

国家知识产权战略实施以来，我国促进知识产权运用的政策环境不断优化，运营公共服务体系基本建立；知识产权运用取得了显著成绩，知识产权交易、质押融资等商业性运用发展迅速，知识产权密集型产业的经济质量效益显著提高，知识产权在精准扶贫、强农富农等民生领域的运用成效显著，对经济社会发展的贡献度大幅提升；高校和科研机构知识产权转化运用日趋活跃，运用模式不断探索创新；军民知识产权双向转化运用政策措施不断强化，成功案例显著增加，效果逐年显现。

在取得显著成绩的同时，我国知识产权转化运用依然存在诸多问题有待解决：一是我国知识产权运用率依然偏低，在技术标准中的运用能力依然较弱，知识产权协同运用机制较为松散；二是促进国有企业、高校和科研机构知识产权运用的体制机制有待完善，运用模式尚需创新。

## 3.3 知识产权保护

国家知识产权战略关于知识产权保护主要包括 4 个任务要点：知识产权立法、知识产权司法保护、知识产权行政保护和多元化纠纷解决及预防机制。

### 3.3.1 知识产权立法

《纲要》及配套文件对我国知识产权保护体系及法制建设提出了明确的目标、任务及措施。总目标是“知识产权保护体系更加完善”，在“战略重点”部分列举了一系列重点任务，其中第一项就是“完善知识产权制度”。具体来说，要进一步完善知识产权法律法规，及时修订《专利法》《商标法》《著作权法》等知识产权专门法律及有关法规；适时做好遗传资源、传统知识、民间文艺和地理标志等方面的立法工作；加强知识产权立法的衔接配套，增强法律法规可操作性；完善反不正当竞争、对外贸易、科技、国防等方面法律法规中有关知识产权的规定。

**第一，不断修订法律法规，我国知识产权法律制度基本完备。**

2008 年《纲要》实施以来，我国出台了《民法总则》，修订完善了《专利法》《商标法》《著作权法》《反不正当竞争法》《种子法》《促进科技成果转化法》等知识产权相关法律，以及《专利法实施细则》《商标法实施条例》《著作权法实施条例》《计算机软件保护条例》《著作权集体管理条例》《信息网络传播权保护条例》《植物新品种保护条例》《知识产权海关保护条例》等知识产权行政法规（参见表 3.3.1），逐步建立了适合我国国情并与国际接轨的知识产权法律制度。

表 3.3.1　2008～2017 年我国知识产权相关法律法规立法一览表

| 序号 | 法律法规名称 | 类型 | 修订日期 | 颁布单位 | 修订次数 |
|---|---|---|---|---|---|
| 1 | 中华人民共和国专利法 | 法律 | 2008.12.27 | 全国人大常委会 | 第三次修正 |
| 2 | 中华人民共和国著作权法 | 法律 | 2010.02.26 | 全国人大常委会 | 第二次修正 |
| 3 | 中华人民共和国商标法 | 法律 | 2013.08.30 | 全国人大常委会 | 第三次修正 |
| 4 | 中华人民共和国促进科技成果转化法 | 法律 | 2015.08.29 | 全国人大常委会 | 第一次修订 |
| 5 | 中华人民共和国种子法 | 法律 | 2015.11.04 | 全国人大常委会 | 第三次修订 |
| 6 | 中华人民共和国民法总则 | 法律 | 2017.03.15 | 全国人民代表大会 | 首次立法 |
| 7 | 中华人民共和国反不正当竞争法 | 法律 | 2017.11.04 | 全国人大常委会 | 第一次修订 |
| 8 | 中华人民共和国专利法实施细则 | 行政法规 | 2010.01.09 | 国务院 | 第二次修订 |
| 9 | 中华人民共和国知识产权海关保护条例 | 行政法规 | 2010.03.24 | 国务院 | 第一次修订 |
| 10 | 中华人民共和国著作权法实施条例 | 行政法规 | 2011.01.08 | 国务院 | 第一次修订 |
| | | | 2013.01.30 | 国务院 | 第二次修订 |
| 11 | 计算机软件保护条例 | 行政法规 | 2011.01.08 | 国务院 | 第一次修订 |
| | | | 2013.01.30 | 国务院 | 第二次修订 |
| 12 | 著作权集体管理条例 | 行政法规 | 2011.01.08 | 国务院 | 第一次修订 |
| | | | 2013.12.07 | 国务院 | 第二次修订 |
| 13 | 信息网络传播权保护条例 | 行政法规 | 2013.01.30 | 国务院 | 第一次修订 |
| 14 | 中华人民共和国植物新品种保护条例 | 行政法规 | 2013.01.31 | 国务院 | 第一次修订 |
| 15 | 中华人民共和国商标法实施条例 | 行政法规 | 2014.04.29 | 国务院 | 第一次修订 |

**注：**本表仅统计 2008～2017 年全国人民代表大会制定以及全国人大常委会和国务院修订的知识产权相关法律和行政法规；按照制定或修订时间，先法律后行政法规排序。知识产权部门规章、司法解释及地方性法规未纳入统计。

**一是基础性法律方面**。2017 年 3 月，全国人民代表大会通过了《民法总则》，其中第 123 条是有关知识产权的条款。其具体规定是："民事主体依法享有知识产权。知识产权是权利人依法就下列客体享有的专有的权利：（一）作品；（二）发明、实用新型、外观设计；（三）商标；（四）地理标志；（五）商业秘密；（六）集成电路布图设计；（七）植物新品种；（八）法律规定的其他客体。"其中的"其他客体"是一个概括性的规定，不仅涵盖了其他应当获得保护的智力活动成果，也为制定相关单行法律留下了空间。

**二是专利方面**。2008 年 12 月，全国人大常委会作出了第三次修改《专利法》的决定，于 2009 年 10 月开始实施。2010 年 1 月，国务院发布了修订后的《专利法实施细则》。在此基础之上，国家知识产权局于 2010 年对于《专利审查指南》进行了修订，并在随后进行了若干次修改。此外，2014 年国家知识产权局启动了《专利法》第四次全面修改准备工作。针对维权周期长、举证难、成本高、赔偿低和效果差的问题，国家知识产权局将此次修订的重点放在了专利权的保护上。除此之外，针对我国专利保护中存在的其他问题，也提出了一系列修订建议。《专利法》和《专利代理条例》的修改被纳入国务院 2018 年立法工作计划。2015 年 8 月，全国人大常委会修订了《促进科技成果转化法》，下放科技成果的处置权、收益权、奖励权，为促进科技成果转化创造更加有利的制度条件。

**三是商标方面**。2013 年 8 月，全国人大常委会作出了第三次修改《商标法》的决定，于 2014 年 5 月开始实施。2014 年 4 月，国务院发布了修订后的《商标法实施条例》。此次修法进一步方便申请人注册商标，扩大了可以作为商标注册的客体，规范了驰名商标的保护，进一步加强商标专用权保护，增加惩罚性赔偿规定，提高侵权赔偿额，减轻权利人举证负担。

**四是著作权方面**。按照国务院的立法计划，国家版权局启动了《著作权法》第三次修订工作。2012 年 12 月，国家版权局向国务院提交了《著作权法（修订草案送审稿）》，原国务院法制办公室于 2014 年 6 月公布，向社会公众征求意见。2017 年 12 月，在前期征求意见、调研、召开研讨会和论证会等的基础上，国家版权局对送审稿进行了进一步修改完善，形成了修改稿重新报请审查。原国务院法制办公室已经完成了再次征求意见工作，并多次召开专家研讨会，会同国家版权局进一步完善修改稿。2013 年 1 月，国务院集中修订了《著作权法实施条例》《计算机软件保护条例》和《信息网络传播权保护条例》，在行政罚款方面，将固定数额罚款改为按照侵权产品或者服务价值的一定倍数设定罚款，提高了行政罚款的幅度，加大了著作权的保护力度。

**五是反不正当竞争方面**。全国人大常委会于 2017 年 11 月作出了修订《反不正当竞争法》的决定，修订后的《反不正当竞争法》于 2018 年 1 月开始实施。此次修订对商业秘密的含义作了重新界定，扩大了侵犯商业秘密的主体范围，加重了对商业秘密侵权者的行政处罚力度，扩大了追责范围，完善了对侵犯商业秘密等不正当竞争行为的规制，强化了知识产权保护。

**六是植物新品种方面**。2013 年 1 月，国务院修订了《植物新品种保护条例》，主要是提高了针对侵权假冒产品的行政罚款幅度，强化了对植物新品种的保护。2015 年 11 月，全国人大常委会修订《种子法》，增加了第四章“新品种”，共计 21 条，对植物新品种保护与种业发展密切相关的关键性制度进行了规范。修订后的《种子法》于 2016 年 1 月开始实施。

**第二，针对一些特定领域知识产权的法律有待制定**。

**一是遗传资源和传统知识立法**。尽管生物遗传资源获取与惠益分享管理条例立法工作正在积极推进中，但目前遗传资源仅在《专利法》等法律法规中略有涉及，传统知识仅在《中医药法》中有所涉及，还缺乏系统、具体、全面的立法。

**二是民间文艺保护立法**。1990 年制定《著作权法》第 6 条规定，民间文学艺术作品的保护办法，由国务院制定。《著作权法》虽然几经修订，但仍然沿袭了这一规定。目前尚没有制定有关民间文学艺术作品保护的条例。

**三是对外贸易知识产权立法**。全国人大常委会于 2016 年修订了《海关法》和《对外贸易法》，但仅在部分条文涉及了对外贸易中的知识产权保护。国务院 2003 年制定了《知识产权海关保护条例》，并于 2010 年进行了修改，对于进出口环节的知识产权保护问题进行了规定。但总体上看，关于对外贸易方面的知识产权立法尚需要加强。

### 3.3.2 知识产权司法保护

知识产权司法保护主要包括公检法机关查办知识产权司法案件情况，知识产权民事、行政、刑事审判“三合一”改革情况，以及知识产权法院和法庭建设情况。

**第一，法院知识产权审判案件逐年攀升，审判质效日益提升**。

为不断提高审判质量，统一裁判标准，最高人民法院制定和修改了《关于知识产权法院技术调查官参与诉讼活动若干问题的暂行规定》《关于审理侵犯专利纠纷案件应用法律若干问题的解释》等 20 多个司法解释或者规范性文件。全国各级法院审结知识产权案件数量总体呈上升趋势（参见图 3.3.1），其中民事案件占据绝对比例。2017 年，全国法院受理各类知识产权一审案件达到 21.3 万件。从知识产权类别来看，著作权案件占 60% 左右，商标案件占 20% 左右，专利案件占 10% 左右，其他类型知识产权案件占 10% 左右（参见图 3.3.2）。

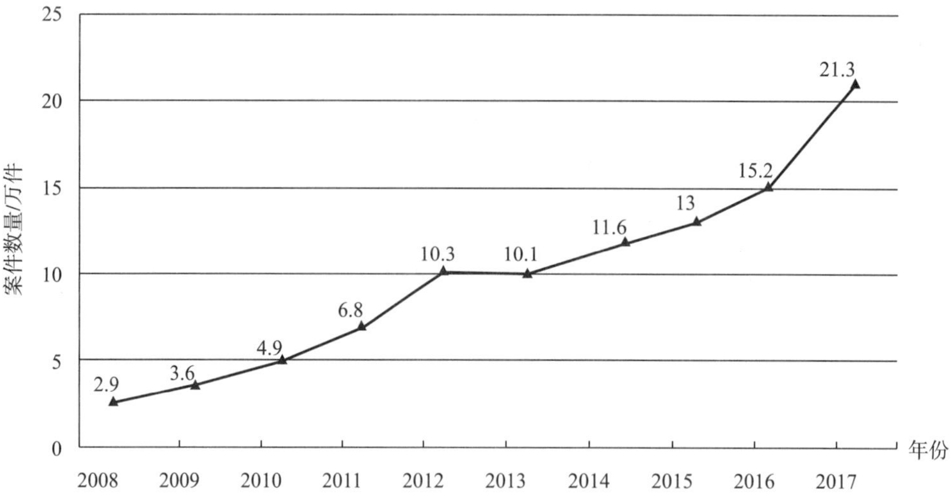


图 3. 3. 1　2008 ~2017 年全国法院新收各类知识产权一审案件量

**数据来源**：最高人民法院。

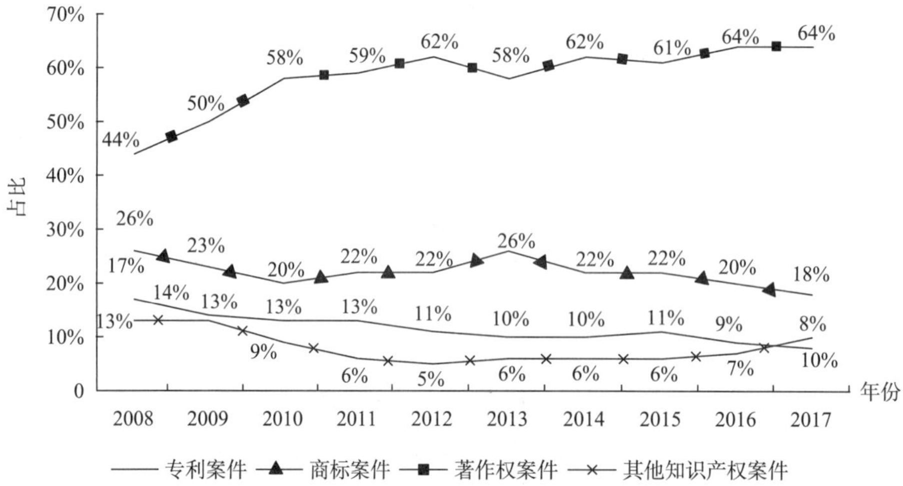


图 3. 3. 2　2008 ~2017 年不同类别知识产权一审案件所占比例

**数据来源**：最高人民法院。

**第二，检察机关充分发挥各项检察职能，不断加大知识产权保护力度。**

2017 年，全国检察机关共批准逮捕涉知识产权犯罪 2510 件 4272 人，提起公诉涉知识产权犯罪 3674 件 6809 人。在这些案件中，批捕假冒注册商标罪，销售假冒注册商标的商品罪，非法制造、销售非法制造的注册商标标识罪犯罪嫌疑人 3975 人，提起公诉 6468 人，分别占侵犯知识产权犯罪的 93. 1% 和 95. 0%；批捕侵犯著作权罪 67 件 115 人，提起公诉 156 件 272 人；批捕侵犯商业秘密罪 32 件

59人，提起公诉24件61人；批捕数罪中含侵犯知识产权罪9件27人；批捕他罪中含侵犯知识产权行为48件87人。此外，检察机关充分发挥刑事立案监督、民事行政抗诉、执行监督等法律监督职能，及时纠正商标侵权假冒领域的有案不移、有案不立、以罚代刑、裁判不公、执行不力等问题。

**第三，公安机关加大知识产权犯罪案件侦办力度。**

2017年，公安机关共破获侵犯知识产权和制售假冒伪劣商品犯罪案件1.7万起，涉案金额64.6亿元，挂牌督办44起重大侵犯知识产权犯罪案件。2011年以来，全国公安机关共破获侵犯知识产权和制售假冒伪劣商品犯罪案件20万余起，涉案总价值超过1200亿元，公安部挂牌督办的2500余起重点案件全部侦结，对侵权假冒犯罪形成持续高压震慑。同时，公安部会同工商、质检、海关、版权、专利、食药监等行政执法部门建立健全协作机制，推动形成公安机关“主动侦查”与行政执法部门“阵地控制”相结合的工作模式，有效提高整体执法效能。2011～2017年，各级行政执法部门共向公安机关移送涉嫌犯罪案件3.2万起，移送比例从8%逐步上升至19%。

针对跨国侵权假冒犯罪，公安机关主动加强与各国执法部门的沟通协调，务实开展线索通报、情报共享、协查取证、司法协助等多层面合作，积极构建新型执法合作关系。仅2015年以来，公安部与境外执法机构开展联合调查的线索就达40余起。围绕重点案件，公安部会同国际刑警组织和相关国家执法部门组织开展“飓风”“真实”“盘古”等17次国际执法行动和一系列联合破案行动。

**第四，知识产权审判体系建设取得突破性进展。**

成立知识产权法院和知识产权法庭，审判标准日趋统一。2014年8月，全国人大常委会通过《关于在北京、上海、广州设立知识产权法院的决定》。2017年以来，最高人民法院在各地中级人民法院内部设立了多个跨地域管辖的知识产权专门法庭，包括武汉、成都、南京、苏州、合肥、福州、杭州、宁波、济南、青岛、深圳、天津、郑州、长沙、西安、南昌。至2018年7月，全国已形成3家知识产权法院、16家专门知识产权法庭的格局。

建立知识产权法院和专门知识产权法庭，有助于实现知识产权案件审理专门化、管辖集中化、程序集约化，从根本上解决知识产权裁判尺度不统一等难题。从北京知识产权法院审判案件来看，侵犯知识产权的赔偿数额不断提升，2016年专利侵权案件平均赔偿数额达到141万元。

知识产权审判“三合一”改革在全国法院全面推开。最高人民法院推动知识产权审判庭统一受理知识产权民事、行政和刑事案件（以下简称“三合一”）的工作。2016 年，除知识产权法院暂不执行“三合一”以外，“三合一”工作在全国法院全面推开。知识产权审判“三合一”改革是知识产权司法体制机制的全方位改革，是提高司法保护整体效能和综合效能的重要举措。

2018 年 2 月，中共中央办公厅、国务院办公厅印发《关于加强知识产权审判领域改革创新若干问题的意见》，以完善知识产权诉讼制度为基础，以加强知识产权法院体系建设为重点，以加强知识产权审判队伍建设为保障，着力破解影响和制约知识产权司法保护的全局性、体制性、根本性问题，大力提升知识产权司法公信力。这是中办、国办印发的第一个专门面向知识产权审判的里程碑式的纲领性文件。知识产权法院全面实行各项司法改革措施，率先实行主审法官负责制，完善合议庭办案责任制，探索建立法官员额制；探索符合司法职业特点的人员分类管理制度；落实司法责任制，从而形成法官主导、人员分类、权责明晰、协同合作的审判管理新模式，真正成为中国司法改革的探索者和先行者。

### 3.3.3 知识产权行政保护

国家知识产权战略实施以来，我国知识产权行政保护更加快捷、高效、有力。2013~2017 年，全国共办理专利侵权假冒案件 19.2 万件，商标侵权假冒案件 17.3 万件，有力地维护了权利人的合法权益。各部门和各地方联合开展打击侵权假冒、软件正版化、打击网络侵权盗版等多项重点专项工作，通过“雷雨”“天网”“护航”“剑网”“雷霆”“溯源”等专项行动，显著改善了创新创业和营商环境。

**第一，专利行政执法力度显著加强。**

全国专利行政执法办案量由 2007 年的 1462 件增长至 2017 年的 6.7 万件，办案效率不断提升，进一步营造公平竞争、有效监管的市场环境。近年来，专利行政部门持续加大打击专利领域侵权假冒的办案力度，加强日常执法办案与专项行动相结合，深入开展“护航”“雷霆”专项行动。不断扩展跨部门执法协作机制，加强大型展会专利执法办案力度，有序开展进出口环节专利保护工作，不断完善电商领域执法办案机制，健全线上专利执法维权跨区域协作调度机制，参与协作调度的省份拓展至 22 个。2017 年，专利纠纷办案 28 157 件（包括专利侵权纠纷办案 27 305 件），同比增长 35.0%；查处假冒专利案件 38 492 件，同比增长 37.2%。同时，快速协同保护与维权援助工作有序推进，加快推进集快速审查、快速确权、快速维权于一体的知识产权保护中心建设，批复设立14家知识产权保护中心。进一步扩大快速维权工作覆盖范围，全国已设立17家知识产权快速维权中心。不断深化维权援助与举报投诉机制，在已成立的76家维权援助中心基础上，设立分中心、工作站等分支机构共400余家，知识产权维权援助与举报投诉网络覆盖全国大部分地区。

**第二，商标专用权保护力度不断加大。**

2017年，共查处商标违法案件3.01万件，涉案金额3.65亿元。近年来，全国工商和市场监管部门充分发挥职能作用，加大商标行政执法力度，开展专项行动，突出做好驰名商标、地理标志、奥林匹克标志、世博会标志、亚运会标志保护，大力推进打击侵权假冒跨区域跨部门协作，夯实商标大数据及信用监管，推动商标“双随机、一公开”监管，积极落实商标行政执法与司法衔接，推动形成商标保护社会共治，有力规范了市场经济秩序，营造了良好的知识产权保护环境。据统计，2008～2017年，原国家工商行政管理系统共查处商标违法案件50.09万件，其中侵权案件43.69万件，一般违法案件6.40万件，涉外案件10.48万件，罚款金额46.34亿元。2017年，原国家工商行政管理总局商标局推进商标监管保护关口前移，采取提前审查、并案集中审查和从严适用法律法律等措施，从严从快审理大规模商标恶意抢注案件，曝光典型案例。集中开展打击商标侵权“溯源”专项行动，加大对商标侵权案件源头追溯力度，对商标侵权开展全链条打击，切实提升商标行政执法工作效能。加强对地方商标行政执法工作的指导，组织、协调各地查处“一得阁”“老凤祥”“公牛”“洛川苹果”等一批跨区域、社会公众反映强烈的商标侵权案件，有力保护权利人的商标权益，有效净化市场环境。

**第三，持续加大打击侵权盗版执法力度。**

2017年，版权部门查处侵权盗版案件3100余件，收缴盗版制品605万件。近年来，国家版权局持续加大打击侵权盗版工作力度，相继开展了盗版音像制品专项整治、软件预装专项整治、图书馆盗版专项治理、违规光盘复制企业专项整治、高校盗版盗印教材治理等多领域版权专项治理行动，持续打击侵权盗版，加大版权保护力度，有效维护了著作权人合法权益和公平竞争的市场秩序。2012～2016年，各级版权行政执法部门办理行政处罚案件近2万件，收缴各类侵权盗版制品近1亿件。

特别是国家版权局联合国家互联网信息办公室、工业和信息化部、公安部等部门连续13年组织开展“剑网行动”，集中打击网络侵权盗版行为，共查办网络侵权案件6103起，依法关闭网站5636个，相继查处了快播和百度播放器侵权案、天线视频网影视侵权案、一听音乐网侵权案、番茄花园网软件侵权案等一批侵权盗版大案要案，有效净化了网络环境，得到国内外权利人的充分肯定。软件正版化工作按期完成了工作目标，中央和省市县政府机关全部实现正版化，企业正版化工作也有序推进，履行了国际承诺。

**第四，依法查处侵犯商业秘密等不正当竞争行为。**

全国工商和市场监管部门充分发挥职能作用，依法制止和查处了大量仿冒、侵犯商业秘密、商业贿赂、虚假宣传、限制竞争等不正当竞争行为。2017年，全国工商和市场监管系统共查处不正当竞争案件24 601件，案值近130亿元。其中查处侵犯知识产权不正当竞争行为5839件，案值8873万元。这些举措有力地保护了知识产权，维护了市场经济秩序，促进了创新发展。

**第五，海关知识产权执法效能不断提升。**

为落实《纲要》对加强边境保护的要求，全国海关全方位、多领域、深层次推动知识产权海关保护工作，严厉打击侵权货物进出口违法活动，不断集中执法资源，提高执法效率，在近十年内开展了数十次专项执法活动。例如针对中国制造海外声誉的“清风”行动（2015～2017）、“龙腾”行动（2017），针对特别活动或者赛事的世界博览会（2010）、世界杯足球赛（2014、2018）知识产权保护专项执法行动，针对特定商品的（如电动平衡车）专利保护专项行动（2016）等。中国海关特别注重与国际海关开展执法合作，例如中美海关联合执法行动（2013、2016、2017）、中俄联合执法行动（2016、2018）等。据统计，《纲要》实施十年来，全国海关不断提升执法效能，持续加大知识产权保护力度，已累计查获侵权货物23.6万批次，涉及侵权货物价值40.8亿元。2017年，全国海关共采取知识产权保护措施2.25万批次，查获侵权货物1.91万批次，涉及侵权货物4094万件。

**第六，跨部门联合执法机制与专项执法活动成效明显。**

很多专项执法活动形成了相互交替、相互接力的态势，从各个侧面净化市场。例如“雷雨”（2008～2011，针对恶意、群体、反复侵权，假冒和冒充专利）、“天网”（2008～2009，打击涉专利诈骗）、“护航”（2012～2015）、“闪电”（2014～2015）等专项行动。文化市场综合执法改革工作常态化，已经形成了机制化的跨部门联合行政执法机制。

**第七，“两法衔接”工作机制有效推进。**

全国双打办、最高人民检察院积极推进建立健全“两法衔接”工作机制，推动全国各地行政执法与刑事司法工作衔接的信息共享平台。目前，全国“两法衔接”信息共享系统中央平台正式上线运行，全国 30 个省（区、市）已建成“两法衔接”信息共享平台，实现全国行政执法与刑事司法案件信息互联共享，已录入案件信息 45 万余条。具体到各个领域，《纲要》实施和“双打”行动开展以来，工商行政管理机关和各级版权行政管理部门均积极推动“两法衔接”工作，向刑事司法机关移送的知识产权犯罪刑事案件数量有所增长。2008～2017 年，全国工商和市场监管部门移送司法机关涉嫌商标犯罪案件 2602 件，移送司法机关涉嫌商标犯罪 2481 人，各级版权管理部门向司法机关移送需追究刑事责任的侵权盗版案件共 3735 件。

### 3.3.4　多元化纠纷解决及预防机制

知识产权纠纷多元化解决及预防机制是知识产权法治建设中不可或缺的重要组成部分。通过大力培育专门的知识产权纠纷解决机构，推进知识产权保护、预防和预警工作。

**第一，举报投诉和维权援助。**

国家知识产权局主导成立了越来越多的知识产权保护中心和快速维权中心。2017 年全国知识产权保护中心和快速维权中心达到 31 家，知识产权举报投诉与维权援助服务网络基本覆盖全国。通过建立专利侵权判定咨询机制、专利纠纷快速调解机制及区域执法办案协作调度机制，形成全国知识产权维权援助工作体系。

**第二，知识产权纠纷仲裁调解。**

国家知识产权局自 2014 年起启动知识产权纠纷调解工作，先后在 13 个省（区、市）部署开展试点，相关工作取得积极进展。各有关地方完成近 60 家知识产权调解组织的培育，遴选培训专兼职调解员 800 余名，成功调解案件 6300 余件。2017 年，国家知识产权局印发《关于开展知识产权纠纷仲裁调解试点工作的通知》，首次将仲裁纳入试点工作范围，在 9 个省（区、市）部署落实仲裁调解试点任务，对 11 家知识产权仲裁机构和 27 家调解组织进行培育，据不完全统计，试点地区已经遴选培训知识产权仲裁员 120 余名，受理仲裁案件 600 余件；遴选培训专兼职调解员 350 余名，成功调解案件 1000 余件。

**第三，侵权预防与预警机制。**

推进知识产权保护预防和预警工作，一是成立专门的预防与预警机构；二是建立相关数据库或者信息服务平台；三是启动针对性强的预防与预警项目，包括重点领域重大技术专利分析和预警项目。

### 3.3.5 小结

战略实施以来，我国知识产权保护的法律法规不断修订，知识产权立法保护的法律制度基本完备，基本建立了适合我国国情并与国际接轨的知识产权法律制度。知识产权司法保护不断加强，审判体系建设取得突破性进展，成立了 3 家知识产权法院和 16 个知识产权法庭，知识产权审判“三合一”改革在全国法院全面推开，审判标准日趋统一。知识产权行政保护力度不断强化，知识产权行政执法取得明显成效。行政执法程序不断规范，执法队伍专业化水平不断提升。知识产权举报投诉和维权援助成为多元化纠纷解决的便捷途径，在社会常态化治理中发挥重要作用。随着我国知识产权保护的日益加强，我国知识产权保护社会满意度不断提升，从 2012 年的 63.69 分增长至 2017 年的 76.69 分。

知识产权保护还存在有待改进之处。知识产权基础性法律欠缺，针对一些特定、新兴领域的知识产权立法还有待制定。知识产权保护存在“赔偿低”“举证难”“执行难”等问题，需要进一步完善举证制度等诉讼程序，建立侵权惩罚性赔偿制度。

## 3.4 知识产权管理

国家知识产权战略关于知识产权管理主要包括 4 个任务要点：知识产权管理的体制机制、知识产权领域“放管服”改革、社会组织知识产权管理、创新主体知识产权管理能力。

### 3.4.1 知识产权管理的体制机制

国家知识产权战略实施以来，中央各部门和各地方相继建立了知识产权专门工作机构和战略实施领导机构，形成了运行高效的“中央—地方”上下一体的知识产权战略实施与管理工作机制。这是中国特色社会主义的制度优势在知识产权领域的重要体现。同时，根据《纲要》实施过程中知识产权事业发展的实践问题和不足，通过机构改革形成了统一的知识产权行政管理体制，完善制度强化了知识产权发展和监测评价的管理导向作用，多措并举完善了以提升知识产权质量为核心的审查机制，强有力地推动了知识产权管理水平的整体提升。

**第一，形成了运行高效的知识产权战略实施与统筹协调管理工作机制。**

中央和地方知识产权行政管理基础不断夯实，相继建立了知识产权专门工作机构和知识产权战略实施领导机构。例如中央军委批准成立了国防知识产权局，最高人民检察院、原国家新闻出版广电总局等部门新设知识产权专门机构，全国 29 个省（区、市）、新疆生产建设兵团、200 余个市（直辖市所属区）制定了地方知识产权战略。建立健全了战略实施统筹协调机制，在中央层面先后建立了知识产权战略实施工作部际联席会议、全国打击侵犯知识产权和制售假冒伪劣商品工作领导小组、推进使用正版软件工作部际联席会议等议事协调机制。各省（区、市）也都成立了相应的知识产权战略实施工作统筹协调机制；“中央—地方”知识产权管理机制的联动不断加强，围绕“一带一路”倡议，京津冀协同发展、长江经济带建设、东北老工业基地振兴等国家战略，区域合作不断深化，形成了协调、顺畅、高效的知识产权管理工作格局。

**第二，知识产权综合管理改革试点示范持续推进。**

建设了一批创新活力足、质量效益好、可持续发展能力强、示范范围不断拓展的知识产权“重点区域”。为解决地方知识产权管理体制机制不完善、保护不够严格、服务能力不强、对创新驱动发展战略缺乏强有力支撑等突出问题，2015 年国务院提出“授权地方开展知识产权改革试验。鼓励有条件的地方开展知识产权综合管理改革试点”。2016 年中央全面深化改革领导小组审议通过《关于开展知识产权综合管理改革试点总体方案》，明确了“建立高效的知识产权综合管理体制、构建便民利民的知识产权公共服务体系、提升综合运用知识产权促进创新驱动发展的能力”等主要任务。2017 年确定在福建厦门、山东青岛、广东深圳、湖南长沙、江苏苏州、上海徐汇区 6 个市（区）级层面开展知识产权综合管理改革。同时，国家全面创新改革试验区、自由贸易试验区也积极推进知识产权管理体制改革。

知识产权综合管理改革是国家知识产权战略目标要求、改革制度顶层设计与基层探索试点共同作用的结果。上海浦东新区自 2015 年以来首创集专利、商标、版权行政管理和综合执法职能于一体的集中管理机构，明确并有效整合了包括贯彻执行国家和上海有关专利、商标、版权等方面的法律法规在内的 9 项责任事项和对专利、商标侵权假冒行为行政处罚在内的 75 项权力事项，实现了知识产权管理的综合高效。中国（上海）自由贸易试验区设立了知识产权综合服务平台，通过线上线下的互动创新，统一为辖区内企业提供知识产权保护、交易、融资、评估、鉴定等方面的“一站式”服务，大幅降低了企业知识产权管理成本。“浦东经验”正复制推广到各省市新设立的自由贸易试验区，其改革实践为我国知识产权综合管理改革提供了很好的样板。

积极开展知识产权强省、强市、强县和试点示范工作。批复 13 个知识产权强省试点省，集聚中央和地方优势资源，谋划开展了一系列重大知识产权合作项目。批复广州、武汉等 14 个城市成为首批国家知识产权强市创建市，批复 189 个国家知识产权试点示范城市、449 个强县工程试点示范县（区）、31 个传统知识知识产权保护试点示范县（区）、125 家试点示范园区。

知识产权综合管理改革试点、知识产权强省、试点示范城市建设等工作，有力推动了地方知识产权管理与改革发展。各地方政府部门改革创新，不断完善知识产权行政管理体制机制，建设了一批创新活力足、质量效益好、可持续发展能力强、示范范围不断拓展的知识产权“重点区域”，探索形成了特色鲜明、成效显著的地方知识产权管理工作路径。

**第三，知识产权行政管理体制改革取得突破。**

为解决商标、专利分头管理和重复执法问题，2018 年 3 月国务院机构改革方案提出，将原国家知识产权局的职责、原国家工商行政管理总局的商标管理职责、原国家质量监督检验检疫总局的原产地地理标志管理职责整合，重新组建国家知识产权局，由国家市场监督管理总局管理。重新组建的国家知识产权局的主要职责是：负责保护知识产权工作，推动知识产权保护体系建设，负责商标、专利、原产地地理标志的注册登记和行政裁决，指导商标、专利执法工作等。商标、专利执法职责交由市场监管综合执法队伍承担。为加强党对新闻舆论、宣传和文化工作的集中统一领导，将原国家新闻出版广电总局的新闻出版管理职责划入中央宣传部。中央宣传部对外加挂国家新闻出版署（国家版权局）牌子。改革后的知识产权管理体制更加集中高效。

各地知识产权管理机构性质各异，级别各异，隶属部门不同，管理模式不同。在新一轮党和国家机构改革中，各地方要按照中央的总体部署要求，紧密结合本地经济社会的特点和知识产权的工作需要，加强知识产权机构和队伍建设，因地制宜地设置相关机构，切实转变和优化工作职责，使上下职责打得通、衔接得上，使知识产权支撑创新驱动发展的基本保障功能进一步发挥。

**第四，知识产权审查机制不断完善。**

改进了专利统计口径和公布数据方式，以专利质量为核心引导专利审查工作；形成了内外部“双评价、双监督”的专利审查工作机制，强化对专利质量的审查、评价和反馈；健全了专利审查业务指导体系和质量保障体系，编制了审查质量保障手册，强化了专利审查标准的统一执行。深化商标审查体制机制改革，实行商标审查工作部分委托、服务性工作全部外包，按照“双重管理、地方为主”原则设立京外商标审查协作中心。完善商标审查制度，坚持统一任务分配、统一审查标准、统一工作制度、统一质量考核，开展审查质量双随机抽检，按季度汇总、分析抽检数据与质量投诉，开展审查质量评价。

### 3.4.2　知识产权领域“放管服”改革

国家知识产权战略实施以来，我国在优化专利审批制度、商标注册便利化、商标注册体制机制建设、商标监管规范化、降低专利代理机构设立门槛、建立专利代理机构年度报告公示制度、实施商标品牌战略等方面的改革，破解了多年来存在的难题，通过转变政府职能和权力“瘦身”打开了激发市场活力之门。通过放管结合、创新监管方式减少了“重审批，轻监管”现象，通过优化明显服务提升了政府服务能力和水平，改善了企业营商环境，方便了企业和公众办事创业。

**第一，专利优先审查制度更加优化，审查效率进一步提高。**

2017年6月，国家知识产权局发布了《专利优先审查管理办法》，标志着我国正式建立起系统的专利优先审查制度。该办法的适用范围拓展到了发明、实用新型和外观设计专利的审查、复审和无效宣告等全类型，进一步简化了办理优先审查的手续，把涉及节能环保、新一代信息技术、高端装备制造等国家重点发展产业核心技术专利申请和涉及社会公共利益的专利申请纳入优先审查范围。此外，该办法还将专利优先审查与知识产权保护中心、快速维权中心建设有机结合，实现快速审查、快速确权、快速维权的协调联动。

**第二，商标审查机制不断完善，商标注册更加便利。**

2013年修改的《商标法》明确将商标注册审查周期规定在9个月，2017年进一步实现了将商标注册审查周期缩短到8个月以内。2016年以来，原国家工商行政管理总局先后制定实施相关指导意见和计划，全面、主动、有力地推动商标注册便利化改革，为申请人提供更加高效便捷的公共服务。商标申请渠道不断拓展，目前已在全国批准设立地方商标受理窗口123个、商标专用权质权登记申请受理点58个。商标信息化水平不断提升，商标注册网上申请、网上查询、网上公告、网上缴费全面实现，网上申请业务扩大至23项，商标数据库已向全系统开放，图形检索智能化取得实质性进展。商标审查体制机制不断完善，北京、广州、上海、重庆商标审查协作中心挂牌运行，独任审查制和质量管理监督机制不断健全。商标注册手续流程持续简化优化，受理通知书发放时间由6个月缩短到1个月以内。

**第三，专利、商标收费大幅缩减，切实降低企业非税负担。**

2016年国家知识产权局会同财政部、国家发展和改革委员会完善《专利收费减缴办法》，将专利年费减缴由3年调整至6年；个人减缴标准由年度收入低于2.5万元，调整至低于4.2万元；事业单位、社会团体、非营利性科研机构等单位提出费减请求时，无须再出具经济困难证明；单个单位申请人的减缴比例由70%提高到85%。2008年以来，原国家工商行政管理总局会同财政部、国家发展和改革委员会连续4次下调商标业务收费标准，商标注册申请费用从1000元逐步降低到现行收费标准300元。尤其是2017年4月1日，受理商标注册费等13项商标业务收费标准降低50%；截至2017年底，在9个月时间里通过降费为企业节约资金达到18.57亿元，占2017年全年商标收入的59%。

**第四，知识产权社会组织准入门槛逐步放宽，审批程序更加简化。**

《纲要》颁布后相继放宽了专利、版权代理机构的准入门槛，取消了中央指定地方实施的“专利代理机构设立办事机构和办事机构停业、撤销审批”以及“专利代理机构设立审批初审”事项，简化了审批程序。针对一些地方代理机构偏少、代理力量不足的问题，在全国12个省（区、市）试行降低专利代理机构设立门槛，放宽专利代理机构股东条件限制，有效缓解了一些地方代理力量不足的问题。在商标代理方面，继2003年取消商标代理机构设立和商标代理人资格行政审批后，2013年开始对律师事务所从事商标代理业务备案。

**第五，专利代理行业事中事后监管力度加强，有效净化了专利代理市场。**

修订了《专利代理管理办法》，建立了专利代理机构年度报告公示制度，全面推行“双随机、一公开”监管。专利代理资格证书“挂证”、无资质代理等经营乱象大幅减少，有效净化了专利代理市场，规范了行业经营秩序。

**第六，商标代理机构监管不断完善**。

持续推进商标代理机构信用监管平台建设，实现了代理机构备案及变更全程电子化。发布已备案代理机构名单，推送商标代理机构新增备案情况。各地执法部门根据“双随机、一公开”监管规定，积极开展对代理机构的检查，切实加强事中事后监管，进一步加大代理机构不正当竞争案件查处力度。集中发布代理机构涉嫌违法行为通告，在中国商标网发布违法商标代理典型案例，提醒社会公众谨防上当受骗，鼓励社会公众积极向商标局及执法部门举报，以便及时依法严肃查处。

**第七，商标管理引入大数据等信息技术，监管工作效能不断提升**。

原国家工商行政管理总局商标局整合发布了商标维权人信息库，为地方工商和市场监管部门开展商标行政执法活动提供了数据支持。完善了商标行政执法信息共享平台建设，探索运用大数据、云计算等信息化手段加强商标监管，有效提升了监管效能。

**第八，深入推进“互联网 + 政务服务”和“一站式”服务，知识产权服务效率不断提高**。

国家知识产权局实现实体业务大厅、网上政务平台、移动客户端、服务热线等线上线下一体化运行，让信息“多跑路”、群众“少跑腿”。充分发挥专利代办处辐射广泛、贴近基层的特点，不断推进相关业务的下放。在 30 个省（区、市）的 33 个代办处开展专利事务服务的受理业务，方便申请人就近办理各类业务。

此外，违反诚实信用原则、恶意攀附他人商标声誉、抢注知名度较高商标、侵犯他人在先权利、占有公共资源、反复抢注等商标恶意抢注行为出现，商标恶意注册行为日趋规模化、专业化的问题更加凸显，如何加强监管此类行为、优化商标品牌竞争环境等问题亟待解决。

### 3.4.3　社会组织知识产权管理

2014 年，国家知识产权局等八部委联合颁布《关于深入实施国家知识产权战略 加强和改进知识产权管理的若干意见》，明确提出了“鼓励社会组织加强行业管理”。2015 年 12 月，国务院办公厅印发《若干意见》，提出“改善知识产权服务业及社会组织管理”“探索开展知识产权服务行业协会组织‘一业多会’试点。完善执业信息披露制度，及时公开知识产权代理机构和从业人员信用评价等相关信息”。在系列政策的推动下，社会组织的服务水平和自律能力不断提高，取得了积极成效。

**第一，建立健全知识产权管理与服务等标准体系，不断提高业务规范水平。**

中华全国律师协会出台《知识产权尽职调查操作指引》，进一步规范律师办理知识产权业务。中华全国专利代理人协会制定并实施了专利代理执业标准，有效地规范了专利代理执业。不断完善执业培训制度，强化师资力量，优化培训课程，全面提升专利代理人的执业能力。中国资产评估协会对《资产评估执业准则——无形资产》进行修订，并出台了《专利资产评估指导意见》《著作权资产评估指导意见》。中国资产评估协会在评估准则体系统一规划基础上，构建了知识产权评估准则框架，以无形资产评估准则为统领，包括主要的知识产权具体资产，如专利资产、著作权资产、商标权资产等。中华商标协会和中国人民大学共同发起组建“中国商标品牌研究院”，提出了中国商标品牌评价标准体系。全国和地方协会等标准体系的建立和完善，提高了知识产权管理与服务的业务规范水平。

**第二，知识产权服务业联盟或协会发展迅速，桥梁纽带作用逐步显现。**

在省、市层面，北京于2015年正式注册成立首都知识产权服务业协会，江苏、黑龙江、湖北、海南、山西、四川等省份成立了知识产权服务业联盟，苏州成立了市知识产权服务商会，济南、佛山、青岛、泰州等20多个地方成立了知识产权服务业联盟。成立中华商标协会商标代理分会。在园区层面，北京中关村海淀园区、苏州高新区、上海漕河泾开发区、西安高新区、沈阳高新区、成都高新区、天津高新区等约20个园区成立知识产权服务业联盟。各级知识产权服务行业协会（联盟）发挥桥梁纽带作用，传达政府部门监管意见，维持行业秩序，反映机构合理诉求，维护会员合法权益，制定行业标准规范，加强行业自律，组织开展培训，提升服务机构人员能力，为知识产权服务更有效地对接当地产业需求、服务创新主体开辟了新途径。

**第三，社会组织信息公共服务平台建设持续加强。**

中华全国专利代理人协会建立了全国专利代理诚信信息平台，登载专利代理机构和专利代理人的基本情况，以及经查证属实的专利代理机构和专利代理人不诚信执业信息，为社会公众提供及时、可靠的专利代理服务和基本执业状况信息。配合国务院十大重点产业调整与振兴规划的实施，国家知识产权局联合国务院国有资产监督管理委员会和有关行业协会，建设重点产业专利信息服务平台并于 2010 年 2 月开通。全国石油化工行业协会、中国汽车行业协会和中国有色金属行业协会等行业协会增设专利工作委员会，健全知识产权管理和奖励制度，建设行业专利信息子平台，有效提升了行业专利信息应用水平。

**第四，全国和地方协会积极参与知识产权协同运用试点单位，推进形成协同运用工作体系。**

2013 年，国家知识产权局发布《关于组织申报国家专利协同运用试点单位的通知》，面向全国性行业协会或具有地方产业、产品和市场优势的地方性行业协会，组织申报国家专利协同运用试点单位。社会组织通过试点培育和运行，有效提高了管理和服务水平，推进形成了专利协同运用工作体系，以实现专利的协同创造、协同运用、联合保护和协同管理。

知识产权服务行业协会组织“一业多会”试点工作目前仍处于探索之中，社会组织的服务水平和自律能力需要进一步提升，自我约束、共同维权的作用仍有进一步发挥的空间。

### 3.4.4　创新主体知识产权管理能力

我国企业知识产权管理战略意识，能力与规范性显著提升。战略实施以来，企业、高校与科研机构所等创新主体的知识产权管理规范化和标准化程度大幅提升，知识产权管理能力不断提高，知识产权管理机构、制度、机制逐步完善，专利导航、专利布局、专利运营意识不断加强，知识产权资产增值和科技创新成果价值实现能力持续提高。

**第一，企业知识产权管理模式、市场能力、队伍建设等方面都有了新的变化。**

2013 年，《企业知识产权管理规范》国家标准正式发布实施。2017 年“贯标”企业达到 2.6 万家，4 年间增长 1344%。通过贯标认证的企业，知识产权管理更加规范系统，专利导航、专利布局、专利运营意识不断加强，知识产权数量与质量显著提高。2009 年起，国家知识产权局、工业和信息化部联合实施中小企业知识产权战略推进工程，为中小企业提供各类知识产权公共服务，培训企业知识产权工作者和经营管理人员，形成有效的中小企业知识产权综合服务援助等机制，促进中小企业知识产权能力明显增强。企业知识产权战略意识大幅提高，一些知识产权意识和经济技术实力较强的企业，建立了企业知识产权战略规划，并将知识产权提升到企业经营战略的高度。企业知识产权保障体系建设进一步完善，国家知识产权局 2015 年统计调查显示，在所调查的 7308 家企业中，54.6% 设置了企业知识产权管理机构，61.0% 的企业具有统一的知识产权管理规章制度。

**第二，高校、科研机构知识产权管理与科研活动融合程度不断加深。**

2016 年，《高等学校知识产权管理规范》（GB/T 33251 - 2016）国家标准、《科研组织知识产权管理规范》（GB/T 33250 - 2016）国家标准由国家标准化管理委员会发布。这两项标准的推行实施，将知识产权管理融入项目研究的选题、立项、实施和结题等阶段，加强知识产权运用和保护，推动高校、科研机构知识产权成果转移转化。以中国科学院为例，从体系化建设入手，建立和完善了“院级指导、所级操作”知识产权管理及支撑服务体系，促进了知识产权工作的制度化、规范化开展。中国科学院 2016 年专门成立了知识产权运营管理中心，采取多种促进知识产权成果运用模式，包括尝试对中国科学院系统的专利公开拍卖，以促进科研成果转化。2017 年，经中央军事委员会批准，中央军委装备发展部颁发《装备承制单位知识产权管理要求》国家军用标准，规范了装备承制单位知识产权管理体系建设，将知识产权管理全面融入装备科研、订货、维修各阶段，以及项目立项、合同订立履行全过程。

调研座谈中，高校和科研机构普遍反映，创新主体的知识产权管理与专业化管理人才队伍亟待加强，知识产权管理模块往往在单位中挂靠某个部门，其管理水平很大程度上取决于单位领导的知识产权意识，还需要进一步加强知识产权管理机构设置和专业人员培养。

### 3.4.5 小结

中央和地方各部门、各地区知识产权综合改革试点与地方示范深入开展并取得实质性进展，知识产权领域“放管服”改革不断深化，创新主体知识产权管理能力逐步提高，为国家知识产权战略实施提供了基础保障。

知识产权管理体制改革取得突破性进展，党中央国务院统一领导，联席会议统筹协调，各部门各地方分工负责，协作推进的国家知识产权行政管理体系不断完善。充分调动各类创新主体实施知识产权战略的积极性，不断强化企业在知识产权创造运用中的主体地位。

积极开展“放管服”改革，不断完善政策体系，激发创新和市场活力。通过推进知识产权综合管理改革试点和知识产权强省、强市、强企试点示范，鼓励各地方因地制宜，不断探索知识产权发展新举措，形成了一批可复制、可推广的经验。

知识产权管理工作还存在一些薄弱环节。一是知识产权管理与科技、经济融合不紧密，国家知识产权战略与科教兴国、创新驱动发展等战略协同性不够；二是企业、高校和科研机构缺乏知识产权战略规划，在知识产权管理机构设置、专职人员配备等方面存在短板；三是将知识产权作为资产管理和运作获取收益的能力还有待提升。

## 3.5　知识产权服务

国家知识产权战略关于知识产权服务主要包括 3 个任务要点：知识产权服务业的发展、知识产权公共服务平台建设与运行、促进知识产权服务业发展的政策环境。

### 3.5.1　知识产权服务业的发展

国家知识产权战略实施以来，知识产权在创新驱动发展中的作用不断凸显。知识产权专业服务作为知识产权服务业的主体，在整个知识产权产业体系中扮演着越来越重要的角色，在促进智力成果的权利化、商用化、产业化等各个方面发挥着“催化剂”的作用。该行业快速发展，取得了显著的成效。

**第一，服务机构总体规模快速增长。**

据有关统计数据，2008 年，我国共有知识产权服务法人单位 3506 家，从业人员数量约 3.4 万人。至 2017 年底，我国主营业务为知识产权服务的机构数量超过 2.6 万家，年均增长 25%；年营业收入超过 1000 亿元，年均增长 30% 以上。版权集体管理成效明显，截至 2016 年，中国音乐著作权协会、中国文字著作权协会、中国摄影著作权协会会员均超过 8000 人，中国音乐著作权协会和中国音像著作权集体管理协会 2016 年的使用费收入均超过 1 亿元。知识产权服务业已成为支撑知识产权强国建设的重要力量。

**第二，传统代理服务行业稳步发展。**

全国专利代理机构数量由 2008 年的 704 家增长到 2017 年底的 1824 家（参见图 3.5.1），办事机构超过 1000 家，2017 年全行业年营业收入超过 260 亿元。备案从事商标代理业务的机构由 2007 年的 3352 家增长到 2017 年底的 30 571 家，其中律师事务所 9048 家（参见图 3.5.2）。截至 2017 年底，全国取得专利代理人资格的人数超过3.7万人，执业专利代理人近1.7万人，分别较2008年增长291%和185%。根据中华全国专利代理人协会2018年1月发布的专利诉讼代理人名单，共有来自600余家专利代理机构的2309名专利代理人通过诉讼代理人资格审查，允许参加专利民事、行政诉讼案件的代理工作。

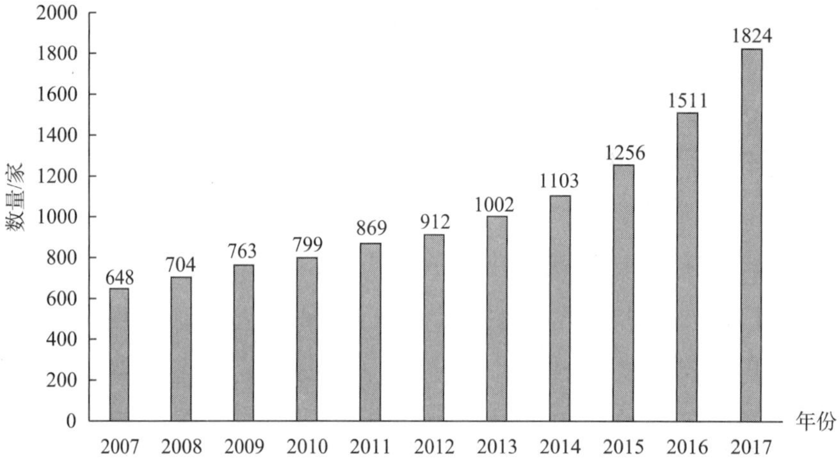


图3.5.1　2007～2017年全国专利代理机构数量及增长情况

**数据来源：**国家知识产权局。

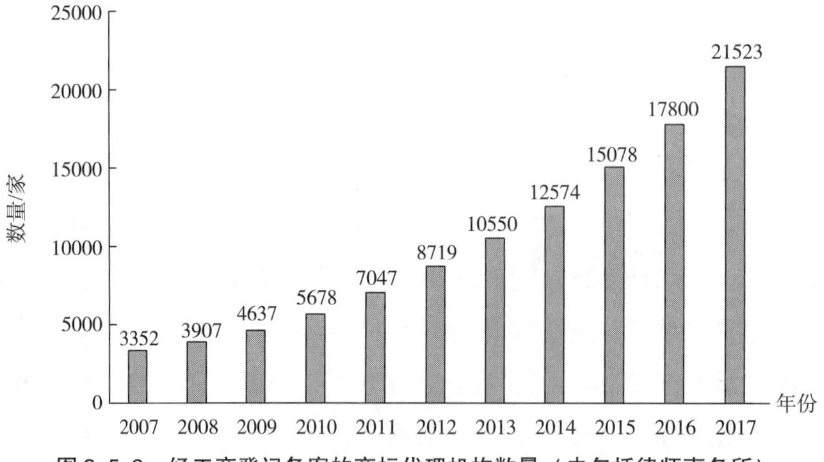


图3.5.2　经工商登记备案的商标代理机构数量（未包括律师事务所）

**数据来源：**《中国商标品牌战略年度发展报告（2016）》《中国商标品牌战略年度发展报告（2017）》。

**第三，服务机构集聚态势明显。**

2012年，国家知识产权局出台《国家知识产权服务业集聚发展试验区工作实施办法（试行）》，正式启动集聚区建设工作。从供给端和需求端协同发力，加快服务业与产业融合发展，促进园区产业迈向中高端水平，推动区域经济提质增效升级。至 2017 年底，国家知识产权局共批复建设了北京中关村等 14 个国家知识产权服务业集聚发展试验区，遴选了 145 家全国知识产权服务品牌培育机构。其中北京中关村、上海漕河泾等 5 个试验区已正式成为国家知识产权服务业集聚发展示范区。苏州高新区的知识产权服务机构数量比 2012 年增加了 74 家。

各集聚发展试验区知识产权服务业物理集聚和功能集聚同步推动，形成智力成果权利化、商用化和产业化"生态圈"，在全国形成了多个专业化服务高地。同时，聚集区的建设也催生了大量知识产权服务的新理念、新模式和新业态。中关村集聚发展试验区创办了国内首个知识产权众筹平台，为创业者提供资金支持的同时，还提供全方位知识产权服务；上海漕河泾集聚发展试验区引进"专利银行"和"专利基金"，开展知识产权质押融资工作，累计发放贷款超过 4 亿元。服务机构的集聚发展，加快了服务业与地方产业的融合发展，显著推动了区域经济提质增效和产业升级。

**第四，新兴服务业态开始兴起并日益扩大。**

随着创新主体能力的不断提升，市场对知识产权服务业提出了更高的要求和期待，知识产权服务的内涵不断丰富，知识产权服务已从传统代理、咨询和诉讼发展到分析预警、运营服务、金融服务等新兴服务领域。

**一是知识产权运营服务发展迅速**。2014 年，国家知识产权局会同财政部以市场化方式开展知识产权运营服务试点，通过股权投资重点扶植 20 家知识产权运营机构。2016 年 12 月，国务院印发《"十三五" 国家知识产权保护和运用规划》，提出"加强知识产权交易运营体系建设""加强知识产权协同运用"等具体任务。这些政策有效地激发了我国知识产权交易市场。据统计，2017 年全国专利运营次数（含转让、许可和质押）达 24. 8 万次，较 2016 年增长 43. 4%；涉及专利数量达 22. 9 万件，较 2016 年增长 40. 5%（参见图 3. 5. 3）。

**二是知识产权金融服务等商用化服务深入推进**。国有"四大银行"和交通银行等股份制银行均已开展知识产权质押贷款业务；一些投资机构涉足知识产权领域，设立"天使基金""风险投资"、股权投资等投资基金；部分企业还投资设立公司，专门从事知识产权运营业务。知识产权投融资业务日益常态化、多元化，为解决中小企业融资难等问题发挥了重要作用。

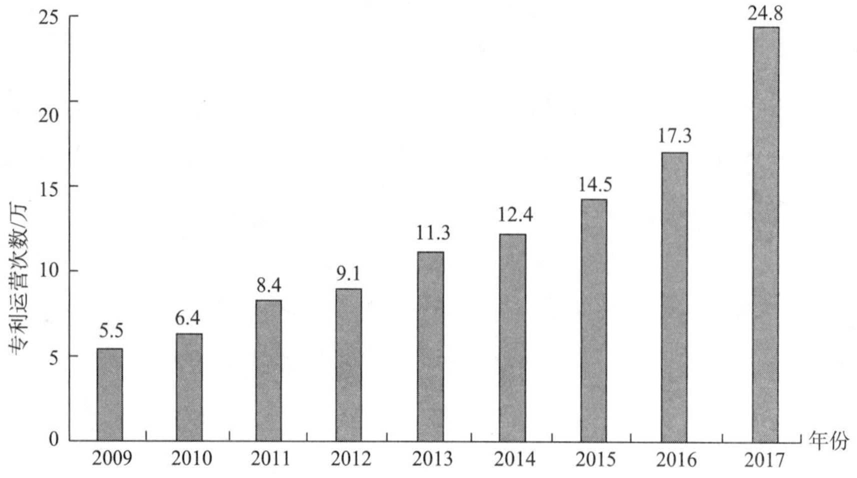


图 3.5.3　2009～2017 年专利运营及增长情况

**数据来源：**《2017 年中国专利运营状况研究报告》。

**三是"互联网+"促进了知识产权服务与互联网深度融合发展**。近年来，知识产权服务机构积极探索与新兴技术、资本运营、服务外包的结合，不断创新服务形态和模式。知识产权服务机构全面涉足互联网集成电路设计、互联网信息服务、软件开发等行业。"互联网+"催生知识产权电子商务蓬勃发展，目前已有数十家知识产权服务电商。调查显示，近几年涉及互联网的服务机构快速增长，2014 年新增注册机构数为 1725 家，2015 年新增达 3235 家（增速接近 100%），2016 年新增为 1052 家，呈现整体上升趋势（参见图 3.5.4）。

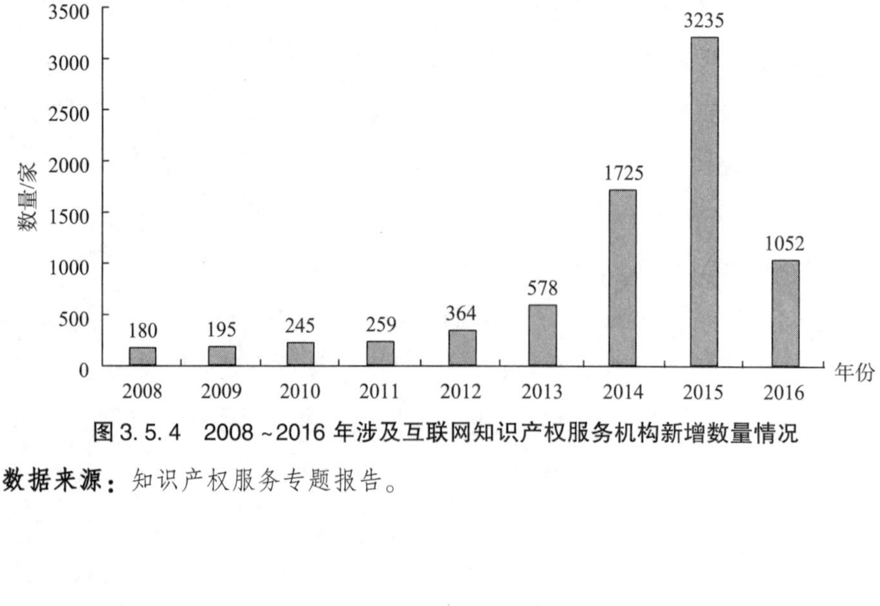


图 3.5.4　2008～2016 年涉及互联网知识产权服务机构新增数量情况

**数据来源：**知识产权服务专题报告。

**第五，知识产权服务业尚存在的问题和障碍。**

主要体现为符合市场需求的知识产权服务产业链尚未有效形成，知识产权服务和需求之间的良性互促机制尚未形成，知识产权价值评估体系尚未完善等。

**一是符合市场需求的知识产权服务产业链尚未有效形成。**一方面，一些实力雄厚、规模较大的知识产权代理机构已经在分析预警等领域进行拓展，但囿于人才瓶颈，新业务与主业间存在相互割裂、碎片化问题，难以快速完成转型升级。另一方面，一些新设立机构已经瞄准综合服务需求，向企业提供从技术研发阶段的信息服务、咨询服务、培训服务，到获权阶段的代理服务，再到用权阶段的转移转化服务，以及维权阶段的诉讼法律服务的“一条龙”综合服务，但此类企业尚处于起步阶段，在整个知识产权服务业占比较小。

**二是企业知识产权需求与知识产权服务供给之间的良性互促机制尚未形成。**从需求侧看，多数企业知识产权商品化的意识普遍较弱，服务需求以获权、维权为主，管权、用权相关服务需求尚未普遍形成。从供给侧看，我国近年来在知识产权服务新业态方面发展迅速，尤其是知识产权运营、质押融资等方面势头强劲，但提供此类服务的机构多处于起步阶段，专利、商标、版权代理依然是行业主流，市场急需的运营、评估、交易融资等高附加服务尚未形成规模化运行态势，服务新业态高端人才明显匮乏，服务领域和服务能力无法满足创新主体的多元化需求，有待进一步发展。可见，企业需求有待通过高质量的知识产权服务进一步激发，与知识产权服务供给之间尚未形成良性互促机制。

**三是知识产权金融服务有待创新，价值评估体系亟待完善。**调查发现，评估难、处置难、融资程序复杂、成本高是知识产权金融服务中存在的最主要问题，严重阻滞了知识产权金融化的进程。除了当前我国知识产权质量整体不高以外，知识产权复杂性、无形性、价值不确定性的特点以及缺乏一套系统科学、可操作性强的知识产权价值评估体系也是问题之所在。知识产权资产评估采用的传统收益法等评估方法对其针对性不够，知识产权的评估难度较大。不少地方缺乏专业水平较高的评估机构与人员，导致银行等金融机构加强风险控制采取降低质押率与贷款额度等措施。

### 3.5.2　知识产权公共服务平台建设与运行

知识产权公共服务是知识产权服务的基础和支撑。国家知识产权战略实施以来，国家相继推出若干计划文件对知识产权公共服务提出具体建设计划和要求，公共服务机构的数量和业务覆盖面都取得了长足发展。一是机构数量显著增加。2016 年全国知识产权服务业统计调查显示，截至 2015 年底，全国知识产权公共服务主体为 2726 家，占服务机构总数的 4. 16%。二是服务范围广泛。知识产权公共服务已涵盖了专利、商标、版权、植物新品种、地理标志、非物质文化遗产、国防等领域，涉及工业、农业、林业、文化、信息、商业等产业范围。随着知识产权密集型产业的快速发展，国家和地方纷纷设立业务范围更广、使用更便捷的专业和特色服务平台，业务范围逐步扩充到专利导航、交易运营、司法鉴定、维权援助等。

**第一，基础性知识产权信息公共服务平台加快建设。**

**一是全国专利信息公共服务体系已基本建成。**2011 年 4 月，国家知识产权局专利检索与服务系统上线，集专利检索与分析于一体，提供综合性专利服务；其后功能逐步完善拓展，先后新增 7 种语言版本，提供多国发明专利审查信息查询服务、复审无效信息查询等多项功能。2009 年，国家知识产权局发布的《全国专利信息公共服务体系建设规划》确立了由 1 个国家专利数据中心、5 个区域专利信息服务中心和 47 个地方专利信息服务中心组成的三级服务体系框架。截至 2017 年底，已经正式设立了国家知识产权局区域专利信息服务（广州）中心和 43 个地方专利信息服务中心。2017 年 7 月，国家知识产权局公布了涵盖 30 个省（区、市）的全国专利文献服务网点共 120 家。

**二是国家商标信息服务平台已逐步搭建。**商标网上公告项目于 2003 年投入使用；商标网上查询项目于 2005 年投入使用并于 2017 年进行了改造升级；商标网上申请项目于 2006 年投入使用并于 2017 年进行了升级，向申请人直接开放，受理业务也扩大至商标续展、转让等 23 项业务。商标注册网上申请、网上查询、网上公告、网上缴费全面实现。2017 年，商标网上申请量为 489. 7 万件，占申请总量的 85%。

**三是版权类服务平台发展较为迅速。**国家知识产权战略实施以来，国家版权局相继批准成立 16 家国家级版权交易中心或贸易基地，覆盖我国各大行政区域，成立版权交易中心联盟，建成了一批集著作权评估、质押、投融资为一体的交易平台；2014 年 10 月，中国版权保护中心推出新型全线上版权服务业务——作品保管平台。此外，中国影视版权交易网、中国版权在线均已投入使用，为广播影视作品等权利人提供版权营销平台。国家版权监管平台完成项目开发建设，实现了国家版权局与各省、自治区、直辖市版权局及四个直辖市执法总队的互联互通以及互联网版权执法监管与服务等功能。

**四是植物新品种、地理标志等公共服务平台也逐步建成**。截至 2017 年底，植物新品种相关平台主要有中国植物新品种保护信息网、林业植物新品种保护网、原农业部植物新品种保护办公室等 3 个公共平台。2016 年 4 月，中国国家地理标志产品保护网正式上线开通。国家知识产权局集成电路布图设计电子申请平台也已上线运行提供服务。

**五是国防知识产权信息平台正式开放**。2017 年 9 月，国防知识产权局依托全军武器装备采购信息网，正式上线运行国防知识产权信息平台，提供国防知识产权信息查询服务。该平台整合国防专利、军用计算机软件著作权等国防知识产权综合信息，提供全文检索、统计分析、事务咨询等服务。

**六是综合性服务平台已基本普及地方**。2009 年 4 月，新版国家知识产权战略网上线运行。随着“知识产权强省工程”推进，地方也逐步搭建具有当地特色的公共服务平台，截至 2017 年底，全国 31 个省（区、市）均搭建了省级知识产权服务综合性平台或门户网站。

**第二，传统重点产业和新兴产业知识产权信息服务平台逐步创建**。

一方面，传统产业知识产权信息服务平台日益完善。至 2017 年底，我国知识产权公共服务平台基本涵盖工业、农业、林业、国防、文化、战略性新兴产业等全产业。2010 年 2 月，我国开通首个国家重点产业专利信息服务平台，涵盖汽车、钢铁等十大重点产业，之后相继创办首个农业国际合作知识产权服务平台、中国橡胶行业知识产权运营平台、中国（内蒙古）沙产业专利大数据服务平台等传统行业领域的服务平台。2015 月 11 月 5 日，陕西杨凌（旱区）农业知识产权公共服务平台上线运行，在全国率先实现了“自助式线上推介和网上主动推送”相结合的农业专利推介服务模式。

另一方面，新兴产业知识产权信息服务平台和服务开始创建。2016 年 6 月上线的国家动漫游戏知识产权交易平台是中国首个动漫游戏知识产权 B2B 交易平台，为中国动漫游戏品牌“走出去”、海外品牌“引进来”，搭建一个全球性商贸桥梁。2017 年 8 月，全球汽车行业专利数据库服务平台上线运行，该数据库收录了 104 个国家/地区的 1800 多万条与汽车相关的专利；同年 12 月，中国 3D 打印知识产权交易服务平台正式上线运行。以上这类平台的搭建表明我国知识产权服务已开始步入新兴产业领域，为科技创新和经济发展护航。

**第三，知识产权运营公共服务体系建设积极推进。**

2014 年，国家知识产权局会同财政部启动了以市场化方式促进知识产权运营服务试点工作。该试点工作确立了在北京建设国家知识产权运营公共服务平台，在西安、珠海建设两大特色试点平台，并通过股权投资重点扶持 20 家知识产权运营机构，示范带动全国知识产权运营服务机构快速发展，形成“1+2+20+n”的知识产权运营服务体系。

2017 年 4 月，国家知识产权运营公共服务平台正式上线，依托各类知识产权信息资源，提供覆盖创新全流程的公共服务。目前，国家知识产权运营公共服务平台已整合中国专利全文文本数据和全文图像数据 1700 万条，专利审查过程数据 2.5 亿条，专利事务公告数据 3300 万条，专利费用数据 9000 万条。已有来自全国 25 个省份的 1000 余家生产型企业、服务机构和科研院所入驻该平台，提供了 2000 余条供需信息。

2017 年 6 月，国家知识产权运营公共服务平台金融创新（横琴）试点平台建成“七弦琴知识产权资产与服务交易网”并正式上线。目前已经有 80 余家服务机构入驻，累计服务各类创新主体近 2000 家，完成 56 个交易项目，挂牌专利 2600 余件。国家知识产权运营公共服务平台军民融合（西安）试点平台已于 2017 年 2 月上线，积极推动与军工集团合作，开展军民技术供需对接，不断集聚军民融合知识产权资源，目前已有近 80 家服务机构入驻，挂牌专利 4000 余件。

**第四，知识产权公共服务领域不断拓展。**

**一是构建知识产权维权援助平台。**2009 年 4 月，全国知识产权维权援助公益热线“12330”开通。2016 年 2 月，中国知识产权维权援助与举报投诉网正式上线试运行，实现了全国 76 个地区级知识产权维权援助中心的在线申请、受理、处理和反馈等多项功能。2018 年 2 月，版权线上调解平台正式启动，该平台提供版权纠纷全线上调解服务，当事人和调解员足不出户就可完成调解，有效降低维权成本。

**二是建成海外知识产权信息服务平台。**中国保护知识产权网自 2007 年以来定期发布《IPR FOCUS》电子期刊，自 2012 年以来定期发布《知识产权国际快讯》。中国保护知识产权网还为我国企业提供知识产权法律法规、境内外知识产权动态、典型案例、知识产权服务机构名录和知识产权热点问题在线咨询等服务。2015 年“智南针网”正式上线，至 2017 年底，提供近 200 个国家/地区的 1400 多部法律法规信息，服务企业“走出去”。创办“智南针网”微信服务号，提供法国、韩国、西班牙、美国等国专利申请实务指引等内容。同时，组织线下沙龙，发布海外知识产权服务机构信息和国内涉外知识产权服务机构信息，服务“走出去”的相关企业。建立和完善商标海外维权信息平台，发布主要国家商标法律、典型案例和预警信息，为企业商标海外维权提供法律信息、智力支持和案例参考。协助相关企业和机构，圆满解决了多件国内知名商标在海外被抢注的案件。

**三是增设知识产权人才信息平台**。中国知识产权远程教育平台于 2014 年 12 月增设全国知识产权师资信息平台，免费向广大培训组织机构和专家师资开放，着力解决培训师资的供需矛盾。2013 年 3 月，国家知识产权人才信息网络平台正式建成上线，涵盖专家库、领军人才、专家咨询委员会、百名高层次人才、国家工作动态政策等内容。

**第五，服务模式不断创新**。

**一是分析评议工作体系日趋推进**。2013 年 4 月，国家知识产权局启动知识产权分析评议服务示范机构培育工作，截至 2017 年底，遴选出一批国家知识产权分析评议服务示范机构 15 家和四批国家知识产权分析评议服务示范创建机构共 124 家；2013 年 11 月，全国知识产权分析评议联盟成立，至 2017 年底，联盟成员单位已从最初的 34 家扩大至 126 家，覆盖全国 25 个省市，涵盖专利代理、专利信息利用、专利运营以及新媒体等十多个领域，逐步搭建起信息交流、资源共享的知识产权分析评议合作平台，在支撑创新驱动发展、推动经济建设和产业转型升级中发挥了积极作用。

**二是专利预警分析与护航服务迅速发展**。2008 年，国家知识产权局启动专利分析和预警工作，印发《国家知识产权局专利分析和预警工作管理办法》等文件，出版了《专利分析和预警操作实务》，对全局专利分析和预警工作的具体实施进行指导和规范。截至 2017 年 9 月，国家知识产权局已相继开展了涉及“高端光刻”等重点产业和重大技术的 84 个项目；建立华为等 21 家成员单位的联合预警防御体系工作组，初步形成了智能终端专利风险信息数据库，涵盖 6 大技术领域、241 个技术点、13 765 件风险专利，深入追踪近千件标准必要专利侵权案件。

### 3.5.3　促进知识产权服务业发展的政策环境

国家知识产权战略实施以来，国家持续出台促进知识产权服务业发展的政策措施，不断加大对知识产权服务业的规范和支持，取得了积极成效。

**第一，宏观政策显著提升知识产权服务业的战略定位，配套措施快速落实落地**。2011年6月，国家发展和改革委员会等5部门出台《当前优先发展的高技术产业化重点领域指南（2011年度）》，首次将知识产权服务业纳入高技术服务产业。2011年12月，国务院办公厅发布《关于加快发展高技术服务业的指导意见》，将知识产权服务列为八大重点领域之一。2012年12月，国务院印发《服务业发展“十二五”规划》，把知识产权服务体系提升为服务业发展的四大重要支撑体系之一。2017年1月，国家发展和改革委员会印发《战略性新兴产业重点产品和服务指导目录（2016版）》和《服务业创新发展大纲（2017—2025年）》，分别将知识产权服务业纳入战略性新兴产业指导目录，并确定为我国服务业创新发展的重点之一。各部门、各地方陆续出台多项配套措施，显著促进了相关政策的落实。截至2017年底，包括国家知识产权局、原工商行政管理总局、国家版权局、财政部等19个部门先后出台促进知识产权服务业发展的53个政策性文件。各地陆续出台了符合当地战略目标的规划计划。截至2017年底，各省级政府部门陆续制定了109项与知识产权服务相关的规划计划、23个促进知识产权服务业发展的地方性政策法规和规范性文件，并结合当地知识产权和经济等特点，出台各项工作指南和指导意见达179条，显著优化了各地方促进知识产权服务业发展的政策环境。

政策措施执行效果获得相关公众普遍认可。本次评估开展的问卷调查显示，68.6%的服务机构和服务对象认为近年来知识产权服务相关政策支持力度逐年加大，60.4%的服务机构和服务对象认为近年来政策执行有效性有所提高（参见图3.5.5）。这两组数据均表明近年来政府在促进知识产权服务发展的政策制定与实

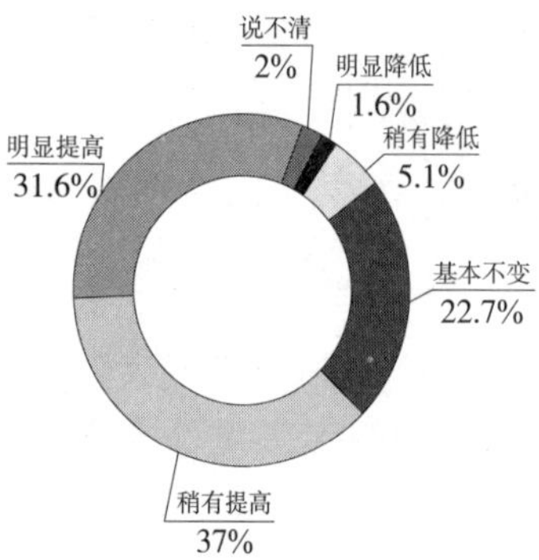

（a）政策支持力度

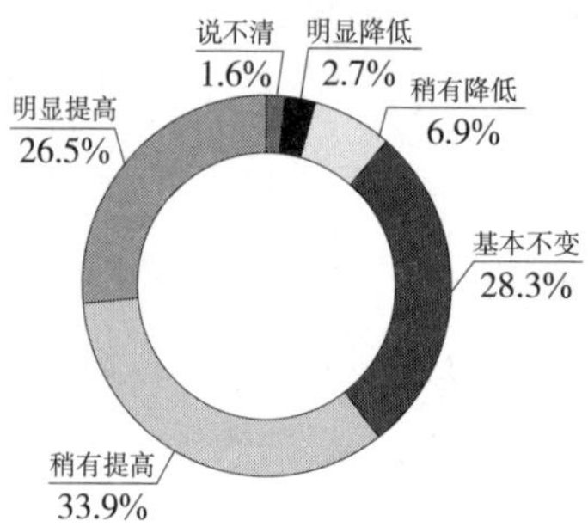

（b）政策执行有效性

**图3.5.5　受访者对知识产权服务促进政策的评价**

**数据来源**：知识产权服务专题评估报告。

施方面有较大改善。主要表现在政策支持力度、政策公平性和政策信息获取的便利性 3 个方面。

**第二，放管结合的知识产权服务业监管机制基本建立，部分特定领域监管有待进一步强化**。在专利代理监管方面，2016 年，国家知识产权局出台专利质量提升工程实施方案，从各环节着手，全面提升专利质量；印发《专利代理审批事项服务指南》，进一步规范对专利代理行业的监管。为规范专利申请行为，2016 年印发《国家知识产权局关于开展知识产权系统社会信用体系建设工作若干事项的通知》，统筹推进全系统社会信用体系建设工作，及时公开共享专利代理监管等信用信息，推进建立知识产权领域信用联合惩戒和激励机制。2017 年 4 月修订的《关于规范专利申请行为的若干规定》，加大了针对非正常专利申请行为的处理力度。在商标代理监管方面，2009 年 11 月，原国家工商行政管理总局出台《商标代理管理办法》，2010 年适时修改，引入市场竞争机制，提高商标代理水平。2014 年 5 月起施行的修订后的《商标法》修正案对商标代理机构的权利义务、违法责任、惩罚措施等进行了明确规定。修订后的《商标法实施条例》首次设置了“商标代理”专章，从法律层面加强了对商标代理机构和商标代理市场的监管。2014 年原国家工商行政管理总局发布《工商总局关于商标代理机构备案有关问题的通知》等文件，进一步完善商标代理机构备案机制。此外，商标代理行业自律管理也取得显著成效。2008 年 11 月 18 日，中华商标协会商标代理分会在北京成立，先后制定、发布了《中华商标协会商标代理分会惩戒规则》《中华商标协会商标代理分会加强行业自律建设的若干意见》等 9 部规范性文件。版权行业监管方面，《纲要》实施以来，国家版权局陆续公示《使用音乐作品进行表演的著作权许可使用费标准》等多项费用标准，完善收益分配制度，有效促进著作权集体管理行业的发展。

国家知识产权局自 2012 年起在部分省份开展了加快专利代理行业发展试点工作，全国 16 个省份先后纳入试点范围，将发起设立合伙制专利代理机构的合伙人人数条件由 3 名减少为 2 名，在试点地区允许不超过 1/5 的股东不具有专利代理人资格，在成都市区域内设立有限责任制专利代理机构的，不超过 2/5 的股东可以不具有专利代理人资格。截至 2017 年底，共设立 270 家享受试点政策的专利代理机构。2015 年，取消了专利代理机构注册资本最低限额和提交验资证明的要求。2011 年 6 月，国家知识产权局发布《关于台湾居民参加 2011 年全国专利代理人资格考试的公告》，截至 2016 年底，累计有 347 名台湾居民获得专利代理人资格证书。2012 年，司法部、原国家工商行政管理总局发布《律师事务所从事商标代理业务管理办法》，放宽准入条件，允许律师事务所直接从事商标代理业务。

统计数据显示，行业门槛的降低有效激发了市场活力，机构数量增速显著提升。2015～2017 年，全国新增专利代理机构分别为 153 家、255 家和 313 家，同比增长分别为 13.9%、20.3%和 20.7%。

部分特定服务领域的问题依然较为突出，有待进一步强化监管。一是行业价格恶性竞争现象依然普遍存在。国家知识产权局《2016 年全国知识产权服务业统计调查报告》显示，调查有效样本中有 65.9%的机构认为发展中遇到的最大问题是行业恶意竞争。部分代理机构靠低价招揽业务，甚至提出“零服务费”，扰乱服务市场秩序。二是不具有合法代理资格、非法从事代理业务的“黑代理”严重扰乱市场秩序。2016 年 9～11 月，国家知识产权局开展专利代理专项整治，由中华全国专利代理人协会陆续公布了 16 批“无专利代理资质机构名单”，总数超过 300 家。2016 年 11 月，国家知识产权局发布《关于开展知识产权快速协同保护工作的通知》，明确将“违法违规从事专利代理者”纳入知识产权失信“黑名单”。相关监管措施使上述问题得到一定程度上的遏制，但仍未从根本上解决问题。

**第三，知识产权服务标准化建设稳步推进，标准化体系构建尚不完善**。知识产权服务的标准化对规范服务过程、提高质量效率、提升用户满意度、完善市场环境、促进服务贸易的发展具有重要作用。《纲要》实施十年来，知识产权服务标准化工作稳步推进。

**一是陆续出台促进知识产权服务标准化建设的若干政策**。2013 年 9 月，国家标准化管理委员会等 9 部门联合发布《高技术服务业标准制修订工作指导意见》，提出重点开展知识产权服务领域等 8 个领域标准制修订工作。2014 年 6 月，国务院《社会信用体系建设规划纲要（2014—2020 年）》中明确“开展知识产权服务机构信用建设，探索建立各类知识产权服务标准化体系和诚信评价制度”。2015 年初，国家知识产权局、国家标准化管理委员会等 4 部门印发《关于知识产权服务标准体系建设的指导意见》，明确了知识产权服务标准体系建设的重点任务，提出到 2020 年建立基本完善的知识产权服务标准体系。

**二是知识产权服务标准逐步制定和实施逐步推进**。2018 年 1 月，《专利代理机构服务规范》（GB/T 34833—2017）国家标准正式实施，成为我国首个规范知识产权服务业的国家标准。2009 年 8 月，中华全国专利代理人协会组织制定并发布《专利代理服务指导标准》。在地方层面，部分省市积极探索代理机构和人员评级工作，树立业内标杆，通过机构评级鼓励机构提升服务品质，规范机构服务行为。

**三是知识产权服务标准化体系建设亟待加强**。目前我国知识产权服务标准化主要存在以下三方面问题。首先，知识产权服务标准化建设进度不平衡，标准化工作主要集中在专利代理领域，对知识产权的信息服务、商用化、咨询等标准化建设推进有限。其次，知识产权服务标准体系尚不明确细致，缺少技术服务流程、服务质量评价等标准。最后，知识产权服务标准化意识相对较低，标准化实施的效果一般。从评估对知识产权服务业的专题调查情况看，受访者对近年知识产权服务标准化的评分不高（3.78 分），知识产权服务标准化体系建设有待进一步加快。

### 3.5.4　小结

我国知识产权服务领域发展迅速、成效良好。一是我国促进知识产权服务的政策环境得到显著优化。知识产权服务业的战略定位显著提升，配套政策层层落实，取得了良好的实施效果；放宽准入、强化事中事后监管模式，规范了行业秩序，激发了市场活力；知识产权服务标准化建设逐步推进，有效促进了知识产权服务业规范化发展。二是知识产权服务整体快速发展，传统领域日趋成熟，新兴业态进入创新快速发展初始期。三是知识产权公共服务体系建设稳步推进，为知识产权服务整体发展提供了较好的保障支撑；知识产权运营公共服务体系基本建成，有效推动了知识产权运营发展新模式；公共服务领域不断拓展，创新模式不断涌现，显著促进了知识产权的资源整合和信息共享。

在取得显著成效的同时，尚存部分问题有待重视和解决。一是部分特定领域的监管有待进一步强化，知识产权服务标准化体系建设亟待加强；行业恶性竞争现象依然存在，知识产权服务标准化建设进度不平衡，知识产权服务标准体系尚不明确细致。二是满足市场需求的知识产权服务完整产业链尚未有效形成，金融服务产品有待创新，价值评估体系亟待完善；服务领域呈碎片化，服务创新前端、终端和后端的综合服务供给不足，难以满足市场需求。

## 3.6 知识产权国际合作发展

国家知识产权战略关于知识产权国际合作发展主要包括3个任务要点：参与知识产权国际规则制定、知识产权国际合作机制与举措、知识产权海外布局与服务企业“走出去”。

### 3.6.1 参与知识产权国际规则制定

国家知识产权战略实施以来，我国积极参加世界知识产权领域的规则制定和制度设计，积极参与国际知识产权秩序的构建，有效参与国际组织有关议程，从国际规则的追随者向建设者转变。

**第一，积极参与国际规则制定和制度设计**。

推动成立了WIPO中国办事处，推动中国专利文献纳入PCT最低限度文献，高质量完成我国承担的国际专利分类（IPC）修订任务。推动建立“发明五局”“外观设计五局”及“金砖五局”合作机制，积极参加商标五方会谈框架下的合作。积极参与联合国框架下2030年可持续发展议程落实工作，2012年于北京缔结《视听表演北京条约》，填补了全面保护视听表演者权利国际条约的空白。积极谈判，推进我国加入《工业品外观设计国际注册海牙协定》和《关于为盲人、视力障碍者或其他印刷品阅读障碍者获得已出版作品提供便利的马拉喀什条约》进程。积极参加WIPO框架下的商标国际注册马德里体系、商品和服务尼斯分类、图形要素维也纳分类、地理标志里斯本协定相关会议，维护我国在知识产权国际事务中的利益。积极参加TRIPS理事会会议。参加国际植物新品种保护联盟（UPOV）每年春秋两季召开的系列会议。积极参与《生物多样性公约》和《名古屋遗传资源议定书》的履约工作，并协调《名古屋遗传资源议定书》与WIPO、TRIPS等组织或国际条约的衔接。

**专栏3.6.1 首个在华诞生的国际知识产权条约——《视听表演北京条约》**

2012年6月26日，世界知识产权组织保护音像表演外交会议在京闭幕，正式签署《视听表演北京条约》，结束了表演者权利得不到完整知识产权保护的历史，成为首个在中国诞生的国际知识产权条约。我国第十二届全国人大常委会第八次会议于 2014 年 4 月 24 日批准了《视听表演北京条约》。根据《视听表演北京条约》的规定，该条约应在 30 个缔约方交存批准书或加入书 3 个月之后生效。截至 2018 年 6 月 5 日，加入或批准《视听表演北京条约》的国家已有 20 个。

**第二，通过国际组织和国际论坛，开展知识产权领域交流与合作。**

2014 年，与 WIPO 签署《合作框架协议》；2016 年，与 WIPO 签署《关于进一步加强合作的谅解备忘录》。与 WIPO 联合颁发专利金奖、商标金奖，合作举办世界地理标志大会和马德里体系成立 125 周年纪念活动等重大活动。我国积极通过 WIPO、二十国集团（G20）、亚太经合组织（APEC）、金砖国家、亚欧首脑会议、中非合作论坛、中日韩合作、东盟等多边平台，加强知识产权领域国际交流与合作，成效显著。将知识产权纳入二十国集团第十一次领导人峰会创新领域成果内容。积极推动亚太经合组织框架下的知识产权合作。签署《中国 – 东盟知识产权领域合作谅解备忘录》。利用中欧知识产权工作组会议、中欧海关知识产权执法研讨会、中非部长级会议、中日韩知识产权局局长政策对话会议、中国 – 东盟知识产权局局长会议等多双边场合，推动知识产权合作。2016 年，举行第六届、第七届金砖国家知识产权局局长会议，签署《金砖国家知识产权合作机制工作职责》。2017 年，知识产权首次纳入博鳌亚洲论坛讨论议题。中国国际贸易促进委员会成功申请成为 WIPO 长期观察员。

**第三，积极参与国际标准合作。**

国际标准作为国际贸易的“通行证”，是消除贸易壁垒的主要途径之一。我国加强与 WIPO 等国际组织交流合作，通过多双边合作机制寻求支持。重点对美、英、德、法、日、澳、加等 14 个国际标准化组织（ISO）技术管理局成员开展交流合作，积极推动品牌国际标准化工作。推动国际标准化组织创新管理技术委员会（ISO/TC279）开展《创新管理 – 知识产权管理指南》国际标准制定。2007 ~ 2016 年，我国参与制定的国际标准累计达 1705 项。2016 年，央企在 ISO、IEC、ITU 等国际标准组织中新增制定标准近 100 项。通过参与国际标准的制定，为知识产权领域全球治理提出中国方案，贡献中国智慧。

### 3.6.2 知识产权国际合作机制与举措

我国大力完善对外知识产权合作制度和机制，相继出台一系列关于知识产权对外合作的规划、保护条例、维权方案、境外指南等。把知识产权工作纳入外交整体框架，积极与国际组织开展交流与合作，取得显著成效。至2017年底，我国已与63个国际组织、国家或地区签订知识产权多双边合作协议、谅解备忘录等171份，与50个WIPO成员国建立正式合作关系，与28个“一带一路”沿线国家签署合作协议，加入重要小多边知识产权合作机制，如中美欧日韩发明五局、商标五局、外观设计五局合作，金砖国家知识产权合作等。全方位、多层次、宽领域的知识产权对外合作总体格局已经形成。

**第一，积极开展政府间知识产权国际合作。**

我国积极利用高层交往、多双边场合与重点国家在知识产权领域进行沟通交流，签署有关合作协议。我国驻外使领馆充分利用各种场合，与驻在国就知识产权进行沟通交流，宣传推广我国知识产权领域取得的巨大成绩。努力构建政府间高层交往，积极推动知识产权机构间的多双边合作机制完善。定期举办中美、中欧、中日、中瑞（士）、中俄、中巴知识产权对话，推动解决各方关注，宣传我国知识产权保护成效。在中美海关、中日韩海关合作保护知识产权取得实质性成果的基础上，又与欧盟、俄罗斯等海关签订了知识产权保护合作行动计划，加强执法合作。积极参与世界海关组织、上海合作组织、WIPO、亚太经合组织等多边框架下的知识产权合作事务。开展了中瑞（士）、中澳（大利亚）、中韩、中新（西兰）、中冰（岛）、中格（鲁吉亚）、区域全面经济伙伴关系（RCEP）等自由贸易协定以及中国－欧亚经济联盟经贸合作协议等协定中的知识产权章节谈判。中欧地理标志协定谈判已经开展了16轮。

**第二，积极推进“一带一路”倡议下知识产权国际合作。**

“一带一路”倡议对于我国现代化建设具有深远的战略意义。我国深入推进“一带一路”沿线国家在知识产权领域的务实合作，打造区域创新发展新兴带。2017年，我国在“一带一路”沿线国家专利申请量为5608件，同比增长16.0%；同期，“一带一路”沿线国家在华专利申请量为4319件，同比增长16.8%。2017年，“一带一路”沿线国家在华商标申请量3.94万件，同比增长4%，有效注册商标量19.17万件，申请国家总数76个。设立“中国政府知识产权奖学金”，开展国际人才交流和培养，自2017年起每年资助50名“一带一路”沿线国家等官员和专家攻读知识产权相关学位。2016年，与WIPO等机构联合主办“一带一路”知识产权高级别会议。2017年，WIPO总干事弗朗西斯·高锐出席“一带一路”国际合作高峰论坛，与我国签署《中华人民共和国政府与世界知识产权组织加强“一带一路”知识产权合作协议》。

### 专栏3.6.2　举办“一带一路”知识产权高级别会议

2016 年 7 月 21 日，由中国国家知识产权局、原国家工商行政管理总局、国家版权局、商务部、北京市人民政府和 WIPO 联合主办的“一带一路”知识产权高级别会议在北京隆重举办，会议通过了《加强“一带一路”国家知识产权领域合作的共同倡议》，并发布了《“一带一路”知识产权高级别会议中方主办单位加强“一带一路”知识产权合作的措施》。共商知识产权合作发展大计，共话“一带一路”区域创新发展。此次会议主题为“包容、发展、合作、共赢”，旨在落实“一带一路”重大倡议，分享“一带一路”沿线国家依托知识产权促进创新和经济发展的有益经验，推动“一带一路”建设深入开展，促进沿线国家/地区的创新发展与繁荣进步。

**第三，建立专利审查高速路（PPH）合作机制。**

在 PPH 机制下，如果在一个国家或地区的专利局提交的专利申请中的一项或多项权利要求被认定具有可专利性时，申请人可根据专利局间的 PPH 协议，向其他专利局就该申请的关联申请提出加快审查请求。我国于 2011 年 11 月 1 日启动首个 PPH 试点，迄今已与 28 个国家和地区的专利审查机构达成 PPH 试点合作协议。中国国家知识产权局与欧洲专利局、美国专利商标局、日本特许厅、韩国知识产权局共同启动了“中欧美日韩 5 局联合 PPH 试点”，得到了国内外专利申请人和专利代理机构的广泛关注。我国有效发明专利已可在柬埔寨登记生效。

**第四，广泛开展知识产权执法国际合作。**

我国与多个国际组织及国家联合开展知识产权执法。与国际刑警组织、欧盟反欺诈办公室，以及美国、中国香港、中国澳门等 35 个国际组织、国家或地区建立知识产权刑事执法合作渠道。先后参加了国际刑警组织发起的“风暴”“盘古”“飓风”“真实”“奥普森”等国际执法行动和破案行动。2012 年以来，会同多国执法部门围绕 43 起案件线索开展情报交流，开展了 21 起联合执法调查。会同美国、英国、法国等执法部门，围绕“蓝色计划”、“4·8”假药案、“4·22”假烟案、“5·8”假冒品牌手机案、“2·20”跨国销售假药案等 9 起重大典型案例开展联合执法。中国海关在中美、中俄、中欧、中日韩海关知识产权合作框架下加强执法合作，搭建联手打击侵权货物跨境流通合作平台，积极参与世界海关组织、上海合作组织、WIPO、亚太经合组织等多边框架下的知识产权合作事务。

我国在国际执法中的务实合作，在国际上赢得积极反响。国际社会给予了积极评价和肯定，全球反假冒机构、国际刑警组织、美国商会等先后授予我国“最高贡献奖”“最佳地区案例奖”“知识产权捍卫者奖”。十年来，世界各国对中国知识产权司法保护制度及保护状况的了解更为全面、客观，中国正逐步成为国际上解决知识产权纠纷的优选地，在国际知识产权舞台上的参与权、话语权得到提升，树立了负责任的大国形象。

### 3.6.3 知识产权海外布局与服务企业“走出去”

国家知识产权战略实施以来，我国大力完善对外知识产权合作制度和机制，相继出台一系列关于知识产权对外合作的规划、保护条例、维权方案、境外指南等。把知识产权工作纳入外交整体框架，积极与国际组织开展交流与合作，取得显著成效。目前，已经初步形成了一整套对外知识产权合作机制，知识产权对外合作取得重要进展。

我国逐步成为PCT国际专利体系和马德里商标国际注册体系的主要用户，企业积极加强海外知识产权布局。在全球前15个原属地中，我国PCT专利申请年增长率达到13.4%，是唯一两位数增长的国家。自2003年以来，我国PCT国际专利申请每年增长率都高于10%。正如WIPO总干事弗朗西斯·高锐所说，中国对国际专利体系的使用大幅增加，表明随着中国经济继续迅速转型，中国的创新者日益把目光投向外面，期待将自己的创意传播到新市场。PCT国际专利申请快速增长的背后是中国日益重视知识产权，知识产权保护意识不断提高，企业更是利用专利来实现转型升级。2017年，我国申请人提交马德里商标国际注册申请4810件，同比增长59.6%，在马德里联盟中排名第三位。此外，企业在走出国门、开拓海外市场的同时，越来越注重利用知识产权参与市场竞争，这为中国的创新发展提供了有力的支撑。

**第一，服务企业“走出去”，开展知识产权海外布局。**

与国外知识产权机构合作举办各类研讨会和培训班等活动，提高中国企业了解和运用国外知识产权制度的水平和能力，先后发布美国、印度、韩国、澳大利亚等国家和地区专利申请实务指引，定期发布《对外投资合作国别（地区）指南》，制定应对海外产业重大知识产权纠纷的政策，建立中国保护知识产权网和海外知识产权信息服务平台“智南针网”，及时发布知识产权国际信息，为企业提供知识产权保护指导与预警服务，推进国内外知识产权服务机构的合作交流。

**第二，开展海外知识产权环境调查。**

自 2009 年开始，建立实施重大经济活动知识产权审议制度项目，组织对主要海外国家知识产权环境、企业“走出去”过程中的知识产权问题开展专题研究和发布，分别在 2012 年、2014 年以及 2016 年举办了 3 届国外知识产权环境研究报告发布会。2016 年，启动“一带一路”沿线国家的国别法律风险研究项目。

**第三，开展海外展会知识产权服务。**

随着我国企业“走出去”步伐的加快，出国参展已经成为企业拓展贸易、推广品牌、展示形象的重要途径和手段。企业面临的国际知识产权竞争越发激烈，围绕展会的知识产权竞争也异常激烈。2012 年，成立“企业知识产权海外维权援助中心”，推动形成海外知识产权服务网络。2009 年开始，在美国、德国举办的国际知名展会上设立了“中国参展企业知识产权服务站”（IPR DESK）。2017 年，制定加强境外展会知识产权工作的方案，推动设立“中国企业知识产权海外维权援助服务基金”，帮助中国企业知识产权海外维权。

**第四，探索建立商标海外维权机制。**

支持中国品牌“国际化”，探索建立企业商标海外维权相关机制。制定相应方案，积极建立和完善商标海外维权信息平台，为企业海外维权提供法律信息、智力支持和案例参考。协助相关企业和机构，解决了多件国内知名商标在海外被抢注的案件。

### 3.6.4　小结

我国大力完善对外知识产权合作机制，为开展国际合作奠定基础。把知识产权工作纳入外交整体框架，积极推进知识产权国际合作，有效参与国际规则和标准制定。与国际知识产权组织、重点国家的交流与合作不断深入与扩展，“一带一路”倡议下知识产权合作取得重要成果。开展国际人才培养和交流，促进了我国软实力的提升，提升我国话语权和影响力。通过广泛开展知识产权执法国际合作，提升我国知识产权保护良好形象。服务企业“走出去”的力度和能力进一步提升，企业海外知识产权布局能力不断增强，国际竞争力明显提升。知识产权国际合作对于知识产权强国建设的支撑作用日益显著，在各类多双边舞台上发出中国声音，提出中国方案，贡献中国智慧，扩大我国知识产权朋友圈，为知识产权强国建设的顺利推进创建了良好的外部环境。

我国在知识产权国际合作中地位明显提升，全方位、多层次、宽领域的知识产权对外合作总体格局已经基本形成。越来越多的外国政府部门、企业和智库给予我国知识产权事业积极评价。对国外机构和专家的调查表明，57%的外国企业认为战略实施以来我国在国际知识产权领域的影响力显著提高，98%的受访者认为我国知识产权保护力度在加强。中国在国际知识产权舞台上的参与权、话语权、主动权得到提升，在全球知识产权治理体系变革中所发挥的建设性作用日益突出，正在逐步从追随者向建设者转变。

## 3.7 知识产权基础环境

国家知识产权战略关于知识产权基础环境主要包括3个任务要点：知识产权人才队伍建设、知识产权文化建设、知识产权高等教育与培训。

### 3.7.1 知识产权人才队伍建设

国家知识产权战略实施以来，我国知识产权人才队伍规模不断壮大，结构梯次逐渐合理，知识产权职业纳入国家职业分类大典，但也面临一些问题和挑战。

**第一，知识产权人才队伍规模不断壮大，结构梯次逐渐合理**。目前，知识产权专业人才队伍不断壮大，全国知识产权从业人员已超过50万人，基本形成了一支结构优化、布局合理、素质较高的知识产权人才队伍。全国形成了以领军人才、百名高层次人才、千名骨干人才和万名专业人才为纵向4个层级，以行政管理和执法、审查、服务业、企业、高校及科研机构知识产权人才为横向5个类别的梯次合理、门类齐全的知识产权人才队伍。通过大力实施“知识产权行政管理和执法人才培养计划”“专利审查人才能力提升计划”“企事业单位知识产权人才开发计划”“知识产权服务业人才支撑计划”，全国的知识产权行政管理和执法人才、审查人才达2万余人；其中审查人才1万余人，审查人才的数量与国际竞争优势初步显现；全国的企事业单位知识产权人才达6万余人，人才数量和素质能力有较大幅度提高；服务业人才达6万余人；高校和科研机构知识产权人才达1万余人。加大对基层执法人员的培训力度，提高商标监管执法水平。为加强我国商标人才队伍建设，提升商标行政执法水平，原国家工商行政管理总局举办全系统商标行政执法培训班，切实提升执法人员的商标专业理论和解决实际问题的能力，共有千余人次参加培训。原国家工商行政管理总局商标局积极支持地方工商部门开展商标培训工作，派出业务骨干授课，覆盖全国大部分省、自治区、直辖市。

**第二，积极推动将知识产权相关职业纳入国家职业分类大典。**

2015 年 7 月 29 日，国家职业分类大典修订工作委员会审议并颁布了 2015 版《中华人民共和国职业分类大典》（以下简称《大典》），《大典》共分为 8 个大类、75 个中类、434 个小类、1481 个职业。其中在“经济和金融专业人员”类下增加了“知识产权专业人员”小类。“知识产权专业人员”作为新职业正式纳入《大典》，标志着其职业身份在“国家确定职业分类”上首次得以确认。

**第三，推动建立适合知识产权人才特点的职业水平评价制度。**

国家知识产权局按照中央《关于深化职称制度改革的意见》要求，制定了《国家知识产权局贯彻落实〈关于深化职称制度改革的意见〉实施方案》，围绕完善职称评价标准、创新职称评价机制、改进职称管理服务方式、促进职称评价与人才培养使用相结合等方面制定了多项改革举措；研究开展“建立完善知识产权职称制度”工作。各地方知识产权局不断加强与人社部门的联系，探索开展本地区知识产权领域专业技术人才职称评审工作。截至目前，已经有十几个省份结合本地特点开展了职称评审工作，在评价激励知识产权专业技术人才方面发挥了重要作用。此外，司法部开展律师专业水平评价体系和评定机制试点，在知识产权专业领域开展相关评定工作。

**第四，我国知识产权专业人才队伍建设面临的问题与挑战。**

主要体现为知识产权高端人才不足、知识产权人才评价体系尚未建立、知识产权人才的需求有待扩容等。

**一是人才从业能力有待提升，高端人才不足。**本次评估调查通过科研院所和企业座谈会了解到，人才专门化、专业化、高端化是需要着力解决的短板；高校座谈会与会者也表示，高校知识产权的突出问题是缺乏复合型知识产权人才。总的来看，版权行政管理和执法人才、知识产权审查审理人才、知识产权审判人才、企业和科研机构知识产权管理人才、司法鉴定人才、版权经纪人、专利导航人才、知识产权评估人才、知识产权运营人才等类型数量供给不足。知识产权行政执法人才、新兴领域的知识产权审查人才、知识产权刑事司法人才、知识产权统计人才、国有企业和科研机构知识产权管理人才从业能力有待提升。东西部地区的知识产权人才队伍的规模和素质差距较大。在各类知识产权人才队伍中，普遍存在高端人才供给不足的问题。以知识产权服务人才为例，面对大型高新技术企业对于知识产权战略等方面的高端咨询服务日益高涨的需求，高层次、复合型、国际化的人才短缺的问题凸显，这已经成为知识产权服务机构的发展瓶颈。专利申请、无效、诉讼等常规业务从业人员比例远大于专利挖掘、分析评议、专利导航、风险评估、知识产权布局、趋势发展分析等高端咨询业务人员。从总体来看，多部委联合发文的政策较少且政策类型多以人才培训方面的政策为主。可见，知识产权人才队伍建设的顶层设计不足，各部门重视程度及统筹协调有待加强，政策类型和法制化程度有待提高。

**二是知识产权人才评价体系尚未建立**。目前在知识产权人才培养、评价发现、选拔使用、流动配置和激励保障中，培养与选拔使用工作取得长足进步，但在评价发现、流动配置和激励保障环节仍有部分“短板”存在。尤其是在评价发现方面，企业知识产权人才评价体系尚未建立，成为制约人才流动与发展的关键因素。系列座谈会与会代表表示，人才的职业定位、社会地位存在管理问题，知识产权从业者在职能、职责、职称等方面缺少归属感、荣誉感。在总结一些地方知识产权职称制度建设工作经验的基础上，按照《大典》中“知识产权专业人员”的职业种类，制定完善知识产权专业相关职称评审政策，适时开展知识产权专业职称评定工作。

**三是对知识产权人才的需求有待扩容**。随着我国创新主体知识产权创造能力的快速提升，市场主体的知识产权保护意识和运用知识产权参与市场竞争意识不断提高。相关国际合作和竞争日益常态化，急需一批政治素质高、业务能力强、能够维护好市场创新秩序的专业化知识产权行政管理和执法人才，一批善于运用知识产权进行发展和经营的企业知识产权高级管理人才，一批促进知识产权交易许可、资本化和产业化等知识产权运用的知识产权运营人才，一批能够灵活运用专利信息资源并为企业、产业和社会发展服务的专利信息分析人才，一批拥有国际视野、具有丰富国际交流经验和处理知识产权国际事务能力的知识产权国际化人才。

### 3.7.2 知识产权文化建设

《纲要》明确提出，制定并实施全国中小学知识产权普及教育计划，将知识产权内容纳入中小学教育课程体系；建立政府主导、新闻媒体支撑、社会公众广泛参与的知识产权宣传工作体系。当前各专项任务有序推荐，形成了较为坚实的知识产权文化基础。

**第一，知识产权普及型教育成果显著**。

自 2015 年国家知识产权局联合教育部启动开展全国中小学知识产权教育试

点示范工作以来，在各方努力下，有关合作机制逐步建立完善，各项工作深入推进，截至 2017 年底已评定出 3 批共 112 所国家级试点学校。开展省级中小学知识产权教育试点示范工作的省份达 20 个，评定的省级试点示范学校近千所。国家、省、地市三级中小学知识产权教育试点示范学校评定工作引发社会各界广泛关注，“教育一个学生，影响一个家庭，带动整个社会”的辐射带动作用初步显现。2017 年印发的《中小学综合实践活动课程指导纲要》将知识产权教育纳入其中，进一步促进了知识产权教育与中小学日常教学工作的紧密结合。本次评估调查显示，超过五成的公众认为有必要将知识产权教育纳入中小学教育课程体系，比 2013 年提升 17.9%，说明越来越多的公众认为知识产权教育应该走入校园，尽早培养孩子知识产权意识。近些年，我国社会知识产权文化氛围的改善，尤其是青少年知识产权意识的显著提升得到国际专家的一致肯定。未来，需要将知识产权作为重要内容，积极开展了一系列青少年普法教育活动。一是以课堂为主渠道大力推进青少年法治教育；二是开展多种形式的普法活动；三是加强青少年法治教育实践基地建设，推动将实践基地建设成为中小学开展知识产权教育的第二课堂。

**第二，知识产权文化推广形式丰富**。

2013 年，国家知识产权局、教育部、文化部等 6 部门联合印发《关于加强知识产权文化建设的若干意见》，形成了促进知识产权文化建设的政策体系。把加强知识产权法治宣传列入全国“五五”“六五”“七五”普法规划，知识产权法治宣传教育成为全民普法重点工作，有效提升了全民族知识产权法治素养。自 2009 年以来，连续 10 年举办全国知识产权宣传周活动。举办 4 次知识产权海报大赛和 2 次知识产权公益广告大赛等，活动累计参加人数达数千万人次。中国首部知识产权专题纪录片《国之利器》在媒体热播。

**第三，社会公众的知识产权意识日益增强，尊重和保护知识产权的社会风尚逐步形成**。

公众调查显示，社会公众知识产权意识持续提升，超过六成的公众认为知识产权与自己的生活紧密相关，相比 5 年前提升了 22.7%；九成以上的公众表示了解知识产权相关知识，对各类型知识产权内容认知率均有不同程度的提升，特别是专利、商标、版权的知识产权认知率均达到 90% 以上；对国家知识产权战略的了解程度也大幅提升，达到 85% 以上；超过九成的公众对盗版持反对态度；近八成的公众愿意接受知识产权的相关培训。此次社会公众问卷调查所回收的 6200

份有效问卷结果显示，社会公众对近10年来知识产权总体评价是正向积极的。87.7%的公众认为近10年来知识产权总体发展水平持续提升（参见图3.7.1）。社会公众对国家知识产权战略的认知率由2008年的3.70%提升至2018年的85.28%，公众知识产权意识不断增强（参见图3.7.2）。

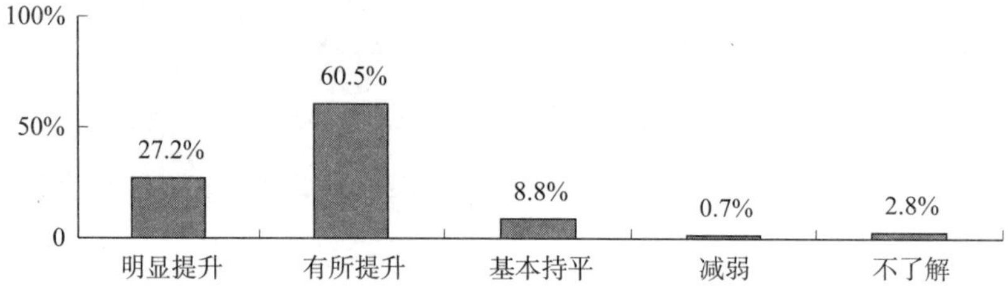


**图3.7.1　社会公众知识产权总体发展水平评价**

**资料来源：**《纲要》实施十年社会公众专题调查报告。

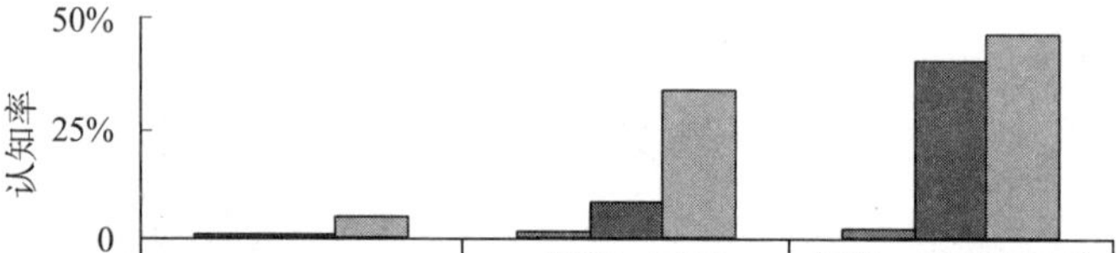


| | 非常了解 | 知道，了解一些内容 | 知道，但不了解其中内容 |
|---|---|---|---|
| ■2008年 | 0.20% | 1.50% | 2.00% |
| ■2013年 | 0.40% | 8.60% | 40.20% |
| ■2018年 | 4.95% | 33.98% | 46.35% |

**图3.7.2　社会公众对《纲要》的认知情况**

**资料来源：**《纲要》实施十年社会公众专题调查报告。

调查显示，社会公众对部分知识产权问题的正确认知度不高，例如对地理标志、遗传资源、传统知识、民间文艺等方面的正确认知率未达到50%，对植物新品种、商业秘密、集成电路布图设计等方面的正确认知率未达80%，社会公众整体知识产权素养有待进一步提升。部分公众尊重和保护知识产权的意识淡漠，仍有32.8%的社会公众认为知识产权与自己的生活紧密程度一般或者不紧密，接近20%的公众表示“知识产权不应该被侵犯，但能理解”“无所谓，关键看自己购买的商品性价比”。

综上，社会知识产权意识和素养不仅是知识产权战略实施的保障因素，也是实现创新发展的重要基础环境。只有在健全的知识产权人才队伍、高水平的知识产权服务和良好的知识产权社会氛围的支撑下，创新活动才能有效转化为社会经济发展的强大动力。所以，下一步工作中应继续加强知识产权宣传力度，创造良好的社会监督体系，形成“发现—举报—处理—宣传”的闭环提升流程。

### 3.7.3　知识产权高等教育与培训

面向高等教育与培训，《纲要》提出将知识产权教育纳入高校学生素质教育体系，建设若干国家知识产权人才培养基地，制定培训规划并开展针对各类人员的知识产权培训。当前，根据形势的发展和人才的特点，知识产权教育和培养模式不断创新，积极适应知识产权强国建设的需要。

**第一，知识产权学科建设不断加强，知识产权专业发展迅速，知识产权教育环境逐渐完善**。

2012 年，教育部颁布实施新修订的《普通高等学校本科专业目录（2012 年)》，将知识产权专业列为法学学科门类法学专业下的特设专业，并实行设置备案制度。同时，教育部鼓励高校优化学科专业结构，扩大布点，优化布局，知识产权专业迅速发展。

截至 2018 年 3 月，全国已有 38 所高校设立知识产权学院（系）、76 所高校设置“知识产权”本科专业，6 所高校开展知识产权第二学士学位教育。截至 2017 年，全国共有 39 所高校设置了“知识产权”“知识产权法”“知识产权管理”等二级学科硕士点 41 个（2007 年为 11 个)、博士点 20 个（2007 年为 11 个)，2016 年知识产权本科毕业生 1235 人、硕士毕业生 218 人、博士毕业生 29 人。推进知识产权专业技术人才继续教育，举办知识产权领域高级研修班 38 期，培养高层次专业技术人才近 2700 人（参见表 3.7.1)。

表 3.7.1　知识产权学科建设和人才培养情况统计表（2007～2016 年)

| 指标 | 2007 | 2008 | 2009 | 2010 | 2011 | 2012 | 2013 | 2014 | 2015 | 2016 |
|---|---|---|---|---|---|---|---|---|---|---|
| 设置知识产权本科专业的高校数量/家 | 6 | 7 | 7 | 8 | 8 | 17 | 42 | 59 | 59 | 61 |
| 开展知识产权第二学位教育高校数量/家 | 6 | 6 | 6 | 6 | 6 | 6 | 6 | 6 | 6 | 6 |
| 设立知识产权二级学科的高校数量/家 | 11 | 11 | 11 | 11 | 13 | 28 | 30 | 33 | 34 | 37 |
| 设立知识产权硕士授予点的高校数量/家 | 11 | 11 | 11 | 11 | 13 | 28 | 30 | 33 | 34 | 37 |

续表

| 指标 | 2007 | 2008 | 2009 | 2010 | 2011 | 2012 | 2013 | 2014 | 2015 | 2016 |
|---|---|---|---|---|---|---|---|---|---|---|
| 设立知识产权博士授予点的高校数量/家 | 11 | 11 | 11 | 11 | 0 | 16 | 16 | 16 | 17 | 17 |
| 知识产权专业本科毕业生数量/人 | 0 | 52 | 223 | 408 | 431 | 593 | 942 | 626 | 632 | 1235 |
| 知识产权专业硕士毕业生数量/人 | 0 | 5 | 25 | 82 | 99 | 201 | 150 | 181 | 197 | 218 |
| 知识产权专业博士毕业生数量/人 | 0 | 0 | 0 | 0 | 14 | 24 | 26 | 28 | 38 | 29 |

**数据来源：**教育部自查报告。

**第二，高等教育培养模式不断创新，综合能力得到提升。**

截至2018年7月，全国约100所高校设立了知识产权学院或专业。在本科(含双学位)、硕士、博士3个学段培养高素质知识产权专门人才，并通过选修课、必修课、讲座、论坛、实习实践等多种形式面向其他各类专业普及知识产权教育。全国大学生必修课“思想道德修养与法律基础”的教学，设计了专门介绍知识产权的相关内容，包括国家出台的相关法律法规，知识产权保护对创新型国家建设、科技进步与创新的促进作用等；鼓励高校面向全体学生开发开设知识产权相关课程。本次评估社会公众调查显示，近八成的公众认为有必要将知识产权教育纳入大学必修课或者选修课。多数高校在其法学院中培养知识产权人才。除专职教师队伍外，许多高校还聘请法官、检察官、律师、行政官员等担任学科特邀顾问或客座教授，交流指导教研工作。国家咨询调查结果显示，在促进高院培养知识产权专业人才措施方面，有97.67%的受访者建议“扩大知识产权相关课程在本科阶段的授课比例”。

另外，一些高校的知识产权硕士和博士授予点在国际化培养方面进行积极部署和探索。引导公派留学生、鼓励自费留学生选修知识产权专业。近年来，教育部发挥公派出国留学的调控补给作用，聚焦国家战略，服务中心大局，培养具有国际视野和竞争能力的知识产权人才。2012~2016年，国家公派出国留学项目共遴选153名优秀人员赴国外学习知识产权相关专业。2017~2019年通过开展专项，每年选派10~20名该系统人员赴国外研修。下一步，教育部将立足国家战略需求，持续扩大公派出国留学规模，不断优化布局，选拔更多优秀人才赴国外一流大学和科研机构学习知识产权相关专业。

**第三，加强培训基地和培训体系建设。**

在全国 19 个省区市批复设立国家知识产权培训基地 26 家，带动全国部分省区市设立省级知识产权培训基地 50 余家，基本形成了布局合理、品牌特色鲜明、影响辐射全国的培训基地体系。制定实施了一系列知识产权专业人才培训政策，包括《全国知识产权教育培训指导纲要（修订版）》（2013 年）、《全国知识产权教育培训分类指导大纲（试行）》（2014 年）、《落实〈“十二五”国家自主创新能力建设规划〉知识产权人才专项工作实施方案》（2013 年）、百千万知识产权人才工程、高层次人才引领计划、专业技术人才知识更新工程等，指导全国知识产权系统建立层次清晰、分工明确的知识产权培训体系。

**第四，积极组织各类型、各层次的培训和交流活动。**

通过组织各类教育、培训和交流活动，建立地方知识产权培训基地和人才库，制定实施知识产权人才工程，开通知识产权远程教育地方平台等形式主动推动地方知识产权人才队伍建设工作，如广西壮族自治区的“十百千”知识产权（专利）人才工程、南京理工大学的“知识产权 54321 人才培养计划”等。同时，实施企事业单位知识产权人才能力提升计划、知识产权服务业人才支撑计划及高水平知识产权师资人才推进计划等。每年开展多期针对企事业单位、服务业人员的培训，覆盖范围达 300 余家企业。另外，WIPO 还在中国举行了许多人才培训活动，邀请中国政府官员、学者、其他知识产权从业人员参加国际培训，已在中国连续举办了 2 届暑期学校。同时 WIPO 还提供网上中文版远程教育课程。

人才培养的实用性与针对性仍与现实需要存在差距。虽然过去几年针对各级各类知识产权人才开展了许多培训，但是随着不同种类知识产权人才的迅猛增长，对社会急需紧缺人才培养的针对性仍不够，如针对知识产权运营人才、专利信息分析人才、国际化人才的针对性培养较少。对知识产权人才队伍的系统性培养、实用性培养须进一步强化，需要结合工作实际与地方实际，增强人才工作实施的可操作性。应重点加强引领知识产权事业发展的高端人才培养，建立具有示范效应的领军人才团队，建立杰出人才成长和发展的实践平台等，注重培养实务型知识产权人才和青年骨干人才。

### 3.7.4　小结

国家知识产权战略实施以来，知识产权基础环境建设取得明显成效。知识产权“大宣传”格局逐渐形成。深入推进中小学知识产权教育试点示范工作，18个省份开展省级试点示范。积极组建专家人才队伍，推进知识产权智库建设，大力培养知识产权专业人才。积极推动将知识产权相关职业纳入国家职业分类大典。知识产权学科建设不断加强，知识产权专业发展迅速，知识产权教育环境逐渐完善。

随着知识产权事业发展和整个社会对人才的需求变化，逐渐出现一些诸如宏观管理不到位，人才数量和能力素质还不能完全满足知识产权事业快速发展的需要，人才结构和布局有待优化，高层次、国际化、复合型和实务型知识产权人才匮乏等短板。这些短板成为制约知识产权强国战略实施的瓶颈。同时，在人才培养的实用性与针对性与现实需要之间的匹配程度、知识产权学科建设力度、社会公众意识等方面还存在很多创新方式和进步空间。

# 第 4 章　分析研判新要求与新形势

中国特色社会主义进入新时代，我国社会主要矛盾转化为人民日益增长的美好生活需要和不平衡不充分的发展之间的矛盾，实施创新驱动发展战略、供给侧结构性改革、经济社会高质量发展、更高层次开放型经济发展，全球新一轮科技革命，国际贸易保护主义抬头等新形势，都对新时代知识产权工作提出了更高要求。

## 4.1　建设社会主义现代化强国，要求发挥知识产权强国的重要支撑作用

党的十九大指出，中国特色社会主义进入了新时代，明确了坚持和发展中国特色社会主义的总任务和基本方略，指出我国社会主要矛盾转化为人民日益增长的美好生活需要和不平衡不充分的发展之间的矛盾，对我国未来发展进行了全面部署。

新时代中国特色社会主义的总任务是分两步在 21 世纪中叶把我国建设成为社会主义现代化强国。知识产权强国是实现社会主义现代化强国的核心内容和关键支撑。实施国家知识产权战略应面向“两个一百年”奋斗目标，着力解决当前知识产权多而不优、保护不够严格、侵权易发多发、转化效率不高、高端人才不足、区域不平衡等突出问题和主要矛盾，长远系统谋划我国知识产权事业未来发展方略，加快从“知识产权大国”向“知识产权强国”的转变。

在国家知识产权战略理念方面，要体现创新、协调、绿色、开放、共享五大发展理念；在战略目标与进程方面，要依据国家总体战略部署，长远系统谋划我国知识产权事业未来的发展，确保知识产权事业始终与国家现代化进程相协调、相一致，提供有力支撑。在战略任务方面，要按照党的十九大报告提出的“倡导创新文化，强化知识产权创造、保护、运用”要求，提升知识产权质量，大力培

育高价值核心知识产权；统筹推进知识产权“严保护、大保护、快保护、同保护”各项工作，营造良好的营商环境和创新环境；通过建机制、建平台、促产业，加强知识产权综合运用，推进知识产权运用从单一效益向综合效益转变。

## 4.2 新一轮科技革命与新兴业态快速发展，要求知识产权制度进行战略性调整

当前，新一轮科技革命加速兴起，科技创新呈现出了新的发展特征，推动国际产业分工格局和竞争态势深度调整，全球创新竞争日趋激烈。新一轮科技革命与产业变革对现行的知识产权制度和战略提出了新的课题。

一是知识产权保护客体呈现扩大化趋势，要求进一步明确知识产权保护范围。遗传基因、商业方法、实验数据、网络域名、人工智能作品、大数据等是否应纳入知识产权保护客体范围，应进一步开展研究。

二是物理类、数字类和生物类技术呈现融合发展之势，催生了会聚技术的发展，促进了合作创新和协同创新，知识产权的竞争成为联盟间的竞争，要求知识产权强化协同创新与治理。当前知识产权制度主要聚焦于专利、版权、商标等领域，对跨学科且涉及伦理、隐私、安全等方面的会聚技术缺乏系统研究和前瞻部署。

三是新一代信息技术同机器人和智能制造技术相互融合的步伐加快，带动各产业快速更新换代，对知识产权制度完善和知识产权治理能力提升带来新挑战。

## 4.3 我国经济高质量发展，要求进一步强化知识产权保护和运用

我国经济已由高速增长阶段转向高质量发展阶段，正处在转变发展方式、优化经济结构、转换增长动力的攻关期。加强知识产权保护是完善产权保护制度最重要的内容，也是提高中国经济竞争力最大的激励。中央经济工作会议强调，推动高质量发展是当前和今后一个时期确定发展思路、制定经济政策、实施宏观调控的根本要求。

一是中国创新能力的持续提高需要知识产权制度提供保障和激励。随着我国产业结构升级和创新能力的增长，创新主体对知识产权严格保护的需求日益迫

切。只有依法严厉惩治侵权假冒行为，营造良好的知识产权营商环境，才能进一步激发全社会创新创业热情，促进涌现更多的创新成果。《2017 年中国专利调查报告》数据显示，从严保护专利仍是我国创新主体的迫切需求，88.2%的专利权人认为需要强化保护，特别是小微企业对强化知识产权保护的需求更为强烈，应进一步强化知识产权保护，更加关注小微企业的维权状况。

二是中国企业竞争力的持续提升需要继续加强企业知识产权战略。在当前经济发展新旧动能的转换期，创新和知识产权逐步由外在驱动力转变为企业发展的内生动力，知识产权已经成为企业竞争力提升的关键。搭建知识产权这一联结创新和市场的桥梁，打通创新“最后一公里”，能够有效促进更多的创新成果转化运用，在市场竞争中体现高附加值，推动我国产业向价值链高端迈进。

## 4.4　实现全面深化改革总目标，要求建立知识产权现代化治理体系

《中共中央关于全面深化改革若干重大问题的决定》指出，全面深化改革的总目标是完善和发展中国特色社会主义制度，推进国家治理体系和治理能力现代化。知识产权制度是社会主义市场经济的基本制度，是“让一切劳动、知识、技术、管理、资本的活力竞相迸发，让一切创造社会财富的源泉充分涌流”的重要条件。实现全面深化改革总目标，要求深入研究市场规律和政府角色，合理有效地发挥政府和市场作用，推动知识产权治理体系现代化。

从国家层面来看，世界各国纷纷出台新的创新和知识产权战略政策，建立与创新驱动发展要求相匹配、与强化政府公共服务职能相一致、与国际通行规则相接轨的现代化知识产权治理体系，不断优化相应知识产权管理体制机制。从行业层面来看，商会、协会等社会组织越来越多地发挥维护行业知识产权公平竞争秩序的重要作用。从企业层面来看，跨国公司更加注重企业内部知识产权治理，将企业知识产权申请、转化、维权等寓于企业知识产权战略中，争抢网络知识产权管理人才，服务于市场竞争力提升。这些动向和经验值得我们借鉴。

# 第5章 建 议

## 5.1 尽快制定面向2035年的知识产权强国战略纲要

在国家知识产权战略的指引下，我国知识产权事业发展取得了巨大成就，制定战略对于凝聚共识、统一行动、坚定信心和稳定社会发展预期至关重要。随着2020年临近，本轮知识产权战略实施即将结束。建议启动制定面向2035年的“知识产权强国建设纲要”，确保与本轮战略梯次接续、压茬推进。

制定知识产权强国战略，应坚持习近平新时代中国特色社会主义思想，以服务发展全局为宗旨，以充分调动全国人民的积极性和创造性为方向，着力促进高质量知识产权创造和高效运用，着力强化知识产权保护，着力构建中国特色现代化知识产权治理体系，着力推动知识产权国际化发展。充分发挥知识产权在现代化强国建设中的引领和保障作用，为我国经济社会高质量发展提供高质量战略资源，不断提高知识产权对经济社会发展的贡献率和国际竞争力。

知识产权工作涉及多个部门和各地方，实施国家知识产权战略是一项重大的系统工程。加强国家知识产权战略与科教兴国战略、人才强国战略、创新驱动发展战略、乡村振兴战略、区域协调发展战略、可持续发展战略、军民融合发展战略的协同推进。

## 5.2 完善知识产权法律体系

习近平总书记指出，“加强知识产权保护。这是完善产权保护制度最重要的内容，也是提高中国经济竞争力最大的激励。”我国现有的知识产权法律制度在立法体系结构上采取分散式立法模式，导致各单行法之间缺乏协调性和一致性。同时，知识产权制度法律规范具有特殊性，不仅包括诸多的民事法律规范，而且包括为数众多的行政法律规范和刑事法律规范。制定知识产权基础性法律是新时代中国特色社会主义事业发展的必然需求，也是在民法典编纂背景下解决当前知识产权单行法立法模式缺陷的现实需要。建议深入研究，适时考虑制定知识产权基本法，将知识产权单行法中的共同部分进行统一规定，知识产权基本法与各单行法并存，并统领协调各单行法的实施；在时机成熟时研究制定知识产权法典，将整个知识产权法体系化，为知识产权强国建设提供基础法律制度保障，向世界展示我国知识产权法制建设的成就。

## 5.3 加大知识产权保护力度及平衡机制建设

进一步加大知识产权保护力度，加大知识产权侵权赔偿力度，对故意侵权行为实施惩罚性赔偿，加大行政执法调查取证力度。

设立北京、上海、广州知识产权法院取得了有目共睹的成效，得到广泛认可。建议在三家专门法院的基础上，充分考虑地域性特点再适当增设少数知识产权法院，并设置若干派出法庭，专门审理有关专利、植物新品种、集成电路布图设计、技术秘密和计算机软件的一审案件，推进跨区域管辖技术类知识产权案件，将相关案件集中到知识产权法院及其派出法庭，从而实现技术类知识产权一审案件的集中管辖和全面覆盖。建议设立全国性的知识产权高级法院，专门受理来自知识产权法院的二审案件，实现技术类知识产权案件的统一上诉，保证二审案件的管辖统一和裁判标准统一。

在严格保护知识产权、切实维护知识产权权利人利益的同时，要特别注重保障社会公众的利益平衡，防止知识产权信息的封闭和知识产权制度的滥用。整合建立统一开放、便捷高效的知识产权信息公共服务平台，提供知识产权授权确权信息、转让交易信息、执法维权信息等“一站式”信息服务，共建产业专利大数据，推进产业专利基础数据深加工，确保知识产权信息的广泛传播与利用。规制知识产权权利滥用，运用各知识产权单行法、《反垄断法》、《反不正当竞争法》等法律法规，打击知识产权滥诉、知识产权价格歧视、掠夺式定价、过高定价、搭售、拒绝许可等滥用知识产权行为。

## 5.4 多措并举促进高质量知识产权创造与运用

调整简单以数量考核为导向的知识产权激励政策；严格知识产权审批授权，

着力培育一批高价值核心专利和专利组合；严格执行专利审查标准，加大对非正常申请专利行为的监管力度；加强注册商标监管，严厉打击商标囤积、恶意抢注等扰乱市场秩序的行为；大幅缩短商标注册周期，建成优质便捷高效的商标注册体系。发挥企业在商标品牌建设中的主体作用，引导企业立足市场、加强运用，培育知名商标品牌，提升商标品牌价值。

消除知识产权转化运用的制度障碍。改进国有无形资产管理办法，制定知识产权转移和资本化运营的决策程序及免责条款，完善知识产权价值评估规范，切实改变国有知识产权资产“不敢转、不愿转、不能转”的困境。出台促进国防知识产权转化运用的政策措施，出台国家重大投资项目和国家科技计划项目的知识产权全过程管理制度，明确要求设立知识产权专员，设定知识产权经费投入比例，明确知识产权目标。加快推进国防知识产权军民融合工作。

提高知识产权运用能力。鼓励创新主体提高构建专利池、将专利与标准结合等战略性运用能力；推动知识产权资本化运营，大力发展知识产权金融、保险，设立运营基金等，支持新型知识产权运营机构建设；全面引入专利分析评议机制，导航研发方向，评价成果水平，规避知识产权风险；建立财政资助科技项目知识产权信息披露制度，在专利申请数据库中标注财政支持信息，及时跟踪管理财政支持项目产生的知识产权，落实三年未实施向社会免费许可推广制度，便于推动其转化运用，提高财政投入绩效。

## 5.5 深化改革优化强化知识产权治理

按照《深化党和国家机构改革方案》要求，中央部门机构改革框架已经明确，实现了知识产权管理和执法的相对统一。就地方改革而言，应突出知识产权管理队伍的专门化和专业化，防止知识产权队伍在改革中被边缘化和弱化。考虑到知识产权发展不平衡，地方特色各异，建议充分考虑各地知识产权管理机构的性质、级别、隶属部门和管理模式的差异，不搞“一刀切”，鼓励地方因地制宜改革地方知识产权管理体系。

鼓励建设多元治理体系，进一步推进简政放权，充分发挥行业协会等社会组织的作用。知识产权行政管理部门应与行业协会、企业加强沟通，在政策制定和执行过程中，充分听取社会各界意见。大力培育社会化服务力量，形成大管理、大保护、大服务的工作格局。加强国家知识产权智库建设，对知识产权发展的重大、宏观问题进行研究。

建立国家重大经济科技活动知识产权评议制度，对国家科技计划和重大创新项目进行知识产权全过程管理。全面推行企业、高校、科研机构、知识产权服务机构贯彻知识产权管理规范国家标准，提高创新主体和服务机构的知识产权制度运用能力。

## 5.6 加强专业人才队伍、服务能力和文化建设

探索知识产权人才分类管理体制，实行综合管理类、专业技术类和行政执法类公务员分类管理改革。在高等教育中实施知识产权人才培养专项工程，培养一批多学科交叉的高素质知识产权专业人才。

整合建立统一开放、便捷高效的知识产权信息公共服务平台，提供综合信息服务，推动知识产权服务和产品的多样化、创新化和高端化。推进知识产权服务行业的标准化建设。

大力培育知识产权文化，加强知识产权宣传和普及教育力度，进一步发挥新媒体传播作用，针对不同人群拓展多元化宣传渠道和教育方式。

## 5.7 采取更加主动的国际化发展策略

当前，全球经济治理、国际秩序和规则，特别是贸易规则和知识产权规则正处于大变革、大调整时期，国家间知识产权竞争日趋频繁和激烈。我国要从国际知识产权领域的追随者向建设者转变，必须采取更加主动的国际化发展策略。

更加深入参与知识产权领域国际规则制定。全方位拓展与发达国家、发展中国家、新兴市场国家知识产权领域的国际合作。加强与“一带一路”沿线国家的知识产权合作。根据对外工作实际需要，研究在主要国家使领馆加强力量配备。推进在国际组织设立知识产权专职人员。积极引导企业进行知识产权国际布局，在世界主流技术标准领域获得知识产权，为我国新兴产业的国际化发展赢得知识产权竞争优势。完善知识产权海外维权援助体系建设，加强企业知识产权海外维权援助工作，在国内为中外企业提供平等保护的同时，推动国外加强对我国知识产权的保护。

# 附件1　国家知识产权战略纲要

为提升我国知识产权创造、运用、保护和管理能力，建设创新型国家，实现全面建设小康社会目标，制定本纲要。

## 一、序　　言

（1）改革开放以来，我国经济社会持续快速发展，科学技术和文化创作取得长足进步，创新能力不断提升，知识在经济社会发展中的作用越来越突出。我国正站在新的历史起点上，大力开发和利用知识资源，对于转变经济发展方式，缓解资源环境约束，提升国家核心竞争力，满足人民群众日益增长的物质文化生活需要，具有重大战略意义。

（2）知识产权制度是开发和利用知识资源的基本制度。知识产权制度通过合理确定人们对于知识及其他信息的权利，调整人们在创造、运用知识和信息过程中产生的利益关系，激励创新，推动经济发展和社会进步。当今世界，随着知识经济和经济全球化深入发展，知识产权日益成为国家发展的战略性资源和国际竞争力的核心要素，成为建设创新型国家的重要支撑和掌握发展主动权的关键。国际社会更加重视知识产权，更加重视鼓励创新。发达国家以创新为主要动力推动经济发展，充分利用知识产权制度维护其竞争优势；发展中国家积极采取适应国情的知识产权政策措施，促进自身发展。

（3）经过多年发展，我国知识产权法律法规体系逐步健全，执法水平不断提高；知识产权拥有量快速增长，效益日益显现；市场主体运用知识产权能力逐步提高；知识产权领域的国际交往日益增多，国际影响力逐渐增强。知识产权制度的建立和实施，规范了市场秩序，激励了发明创造和文化创作，促进了对外开放和知识资源的引进，对经济社会发展发挥了重要作用。但是，从总体上看，我国知识产权制度仍不完善，自主知识产权水平和拥有量尚不能满足经济社会发展需要，社会公众知识产权意识仍较薄弱，市场主体运用知识产权能力不强，侵犯知识产权现象还比较突出，知识产权滥用行为时有发生，知识产权服务支撑体系和人才队伍建设滞后，知识产权制度对经济社会发展的促进作用尚未得到充分发挥。

（4）实施国家知识产权战略，大力提升知识产权创造、运用、保护和管理能力，有利于增强我国自主创新能力，建设创新型国家；有利于完善社会主义市场经济体制，规范市场秩序和建立诚信社会；有利于增强我国企业市场竞争力和提高国家核心竞争力；有利于扩大对外开放，实现互利共赢。必须把知识产权战略作为国家重要战略，切实加强知识产权工作。

## 二、指导思想和战略目标

### （一）指导思想。

（5）实施国家知识产权战略，要坚持以邓小平理论和“三个代表”重要思想为指导，深入贯彻落实科学发展观，按照激励创造、有效运用、依法保护、科学管理的方针，着力完善知识产权制度，积极营造良好的知识产权法治环境、市场环境、文化环境，大幅度提升我国知识产权创造、运用、保护和管理能力，为建设创新型国家和全面建设小康社会提供强有力支撑。

### （二）战略目标。

（6）到2020年，把我国建设成为知识产权创造、运用、保护和管理水平较高的国家。知识产权法治环境进一步完善，市场主体创造、运用、保护和管理知识产权的能力显著增强，知识产权意识深入人心，自主知识产权的水平和拥有量能够有效支撑创新型国家建设，知识产权制度对经济发展、文化繁荣和社会建设的促进作用充分显现。

（7）近五年的目标是：

——自主知识产权水平大幅度提高，拥有量进一步增加。本国申请人发明专利年度授权量进入世界前列，对外专利申请大幅度增加。培育一批国际知名品牌。核心版权产业产值占国内生产总值的比重明显提高。拥有一批优良植物新品种和高水平集成电路布图设计。商业秘密、地理标志、遗传资源、传统知识和民间文艺等得到有效保护与合理利用。

——运用知识产权的效果明显增强，知识产权密集型商品比重显著提高。企业知识产权管理制度进一步健全，对知识产权领域的投入大幅度增加，运用知识产权参与市场竞争的能力明显提升。形成一批拥有知名品牌和核心知识产权，熟练运用知识产权制度的优势企业。

——知识产权保护状况明显改善。盗版、假冒等侵权行为显著减少，维权成本明显下降，滥用知识产权现象得到有效遏制。

——全社会特别是市场主体的知识产权意识普遍提高，知识产权文化氛围初步形成。

## 三、战略重点

### （一）完善知识产权制度。

（8）进一步完善知识产权法律法规。及时修订专利法、商标法、著作权法等知识产权专门法律及有关法规。适时做好遗传资源、传统知识、民间文艺和地理标志等方面的立法工作。加强知识产权立法的衔接配套，增强法律法规可操作性。完善反不正当竞争、对外贸易、科技、国防等方面法律法规中有关知识产权的规定。

（9）健全知识产权执法和管理体制。加强司法保护体系和行政执法体系建设，发挥司法保护知识产权的主导作用，提高执法效率和水平，强化公共服务。深化知识产权行政管理体制改革，形成权责一致、分工合理、决策科学、执行顺畅、监督有力的知识产权行政管理体制。

（10）强化知识产权在经济、文化和社会政策中的导向作用。加强产业政策、区域政策、科技政策、贸易政策与知识产权政策的衔接。制定适合相关产业发展的知识产权政策，促进产业结构的调整与优化；针对不同地区发展特点，完善知识产权扶持政策，培育地区特色经济，促进区域经济协调发展；建立重大科技项目的知识产权工作机制，以知识产权的获取和保护为重点开展全程跟踪服务；健全与对外贸易有关的知识产权政策，建立和完善对外贸易领域知识产权管理体制、预警应急机制、海外维权机制和争端解决机制。加强文化、教育、科研、卫生等政策与知识产权政策的协调衔接，保障公众在文化、教育、科研、卫生等活动中依法合理使用创新成果和信息的权利，促进创新成果合理分享；保障国家应对公共危机的能力。

## （二）促进知识产权创造和运用。

（11）运用财政、金融、投资、政府采购政策和产业、能源、环境保护政策，引导和支持市场主体创造和运用知识产权。强化科技创新活动中的知识产权政策导向作用，坚持技术创新以能够合法产业化为基本前提，以获得知识产权为追求目标，以形成技术标准为努力方向。完善国家资助开发的科研成果权利归属和利益分享机制。将知识产权指标纳入科技计划实施评价体系和国有企业绩效考核体系。逐步提高知识产权密集型商品出口比例，促进贸易增长方式的根本转变和贸易结构的优化升级。

（12）推动企业成为知识产权创造和运用的主体。促进自主创新成果的知识产权化、商品化、产业化，引导企业采取知识产权转让、许可、质押等方式实现知识产权的市场价值。充分发挥高等学校、科研院所在知识产权创造中的重要作用。选择若干重点技术领域，形成一批核心自主知识产权和技术标准。鼓励群众性发明创造和文化创新。促进优秀文化产品的创作。

## （三）加强知识产权保护。

（13）修订惩处侵犯知识产权行为的法律法规，加大司法惩处力度。提高权利人自我维权的意识和能力。降低维权成本，提高侵权代价，有效遏制侵权行为。

## （四）防止知识产权滥用。

（14）制定相关法律法规，合理界定知识产权的界限，防止知识产权滥用，维护公平竞争的市场秩序和公众合法权益。

## （五）培育知识产权文化。

（15）加强知识产权宣传，提高全社会知识产权意识。广泛开展知识产权普及型教育。在精神文明创建活动和国家普法教育中增加有关知识产权的内容。在全社会弘扬以创新为荣、剽窃为耻，以诚实守信为荣、假冒欺骗为耻的道德观念，形成尊重知识、崇尚创新、诚信守法的知识产权文化。

## 四、专项任务

### （一）专利。

（16）以国家战略需求为导向，在生物和医药、信息、新材料、先进制造、先进能源、海洋、资源环境、现代农业、现代交通、航空航天等技术领域超前部署，掌握一批核心技术的专利，支撑我国高技术产业与新兴产业发展。

（17）制定和完善与标准有关的政策，规范将专利纳入标准的行为。支持企业、行业组织积极参与国际标准的制定。

（18）完善职务发明制度，建立既有利于激发职务发明人创新积极性，又有利于促进专利技术实施的利益分配机制。

（19）按照授予专利权的条件，完善专利审查程序，提高审查质量。防止非正常专利申请。

（20）正确处理专利保护和公共利益的关系。在依法保护专利权的同时，完善强制许可制度，发挥例外制度作用，研究制定合理的相关政策，保证在发生公共危机时，公众能够及时、充分获得必需的产品和服务。

### （二）商标。

（21）切实保护商标权人和消费者的合法权益。加强执法能力建设，严厉打击假冒等侵权行为，维护公平竞争的市场秩序。

（22）支持企业实施商标战略，在经济活动中使用自主商标。引导企业丰富商标内涵，增加商标附加值，提高商标知名度，形成驰名商标。鼓励企业进行国际商标注册，维护商标权益，参与国际竞争。

（23）充分发挥商标在农业产业化中的作用。积极推动市场主体注册和使用商标，促进农产品质量提高，保证食品安全，提高农产品附加值，增强市场竞争力。

（24）加强商标管理。提高商标审查效率，缩短审查周期，保证审查质量。尊重市场规律，切实解决驰名商标、著名商标、知名商品、名牌产品、优秀品牌的认定等问题。

## （三）版权。

（25）扶持新闻出版、广播影视、文学艺术、文化娱乐、广告设计、工艺美术、计算机软件、信息网络等版权相关产业发展，支持具有鲜明民族特色、时代特点作品的创作，扶持难以参与市场竞争的优秀文化作品的创作。

（26）完善制度，促进版权市场化。进一步完善版权质押、作品登记和转让合同备案等制度，拓展版权利用方式，降低版权交易成本和风险。充分发挥版权集体管理组织、行业协会、代理机构等中介组织在版权市场化中的作用。

（27）依法处置盗版行为，加大盗版行为处罚力度。重点打击大规模制售、传播盗版产品的行为，遏制盗版现象。

（28）有效应对互联网等新技术发展对版权保护的挑战。妥善处理保护版权与保障信息传播的关系，既要依法保护版权，又要促进信息传播。

## （四）商业秘密。

（29）引导市场主体依法建立商业秘密管理制度。依法打击窃取他人商业秘密的行为。妥善处理保护商业秘密与自由择业、涉密者竞业限制与人才合理流动的关系，维护职工合法权益。

## （五）植物新品种。

（30）建立激励机制，扶持新品种培育，推动育种创新成果转化为植物新品种权。支持形成一批拥有植物新品种权的种苗单位。建立健全植物新品种保护的技术支撑体系，加快制订植物新品种测试指南，提高审查测试水平。

（31）合理调节资源提供者、育种者、生产者和经营者之间的利益关系，注重对农民合法权益的保护。提高种苗单位及农民的植物新品种权保护意识，使品种权人、品种生产经销单位和使用新品种的农民共同受益。

## （六）特定领域知识产权。

（32）完善地理标志保护制度。建立健全地理标志的技术标准体系、质量保证体系与检测体系。普查地理标志资源，扶持地理标志产品，促进具有地方特色的自然、人文资源优势转化为现实生产力。

（33）完善遗传资源保护、开发和利用制度，防止遗传资源流失和无序利用。

协调遗传资源保护、开发和利用的利益关系，构建合理的遗传资源获取与利益分享机制。保障遗传资源提供者知情同意权。

（34）建立健全传统知识保护制度。扶持传统知识的整理和传承，促进传统知识发展。完善传统医药知识产权管理、保护和利用协调机制，加强对传统工艺的保护、开发和利用。

（35）加强民间文艺保护，促进民间文艺发展。深入发掘民间文艺作品，建立民间文艺保存人与后续创作人之间合理分享利益的机制，维护相关个人、群体的合法权益。

（36）加强集成电路布图设计专有权的有效利用，促进集成电路产业发展。

### （七）国防知识产权。

（37）建立国防知识产权的统一协调管理机制，着力解决权利归属与利益分配、有偿使用、激励机制以及紧急状态下技术有效实施等重大问题。

（38）加强国防知识产权管理。将知识产权管理纳入国防科研、生产、经营及装备采购、保障和项目管理各环节，增强对重大国防知识产权的掌控能力。发布关键技术指南，在武器装备关键技术和军民结合高新技术领域形成一批自主知识产权。建立国防知识产权安全预警机制，对军事技术合作和军品贸易中的国防知识产权进行特别审查。

（39）促进国防知识产权有效运用。完善国防知识产权保密解密制度，在确保国家安全和国防利益基础上，促进国防知识产权向民用领域转移。鼓励民用领域知识产权在国防领域运用。

## 五、战略措施

### （一）提升知识产权创造能力。

（40）建立以企业为主体、市场为导向、产学研相结合的自主知识产权创造体系。引导企业在研究开发立项及开展经营活动前进行知识产权信息检索。支持企业通过原始创新、集成创新和引进消化吸收再创新，形成自主知识产权，提高把创新成果转变为知识产权的能力。支持企业等市场主体在境外取得知识产权。引导企业改进竞争模式，加强技术创新，提高产品质量和服务质量，支持企业打造知名品牌。

### （二）鼓励知识产权转化运用。

（41）引导支持创新要素向企业集聚，促进高等学校、科研院所的创新成果向企业转移，推动企业知识产权的应用和产业化，缩短产业化周期。深入开展各类知识产权试点、示范工作，全面提升知识产权运用能力和应对知识产权竞争的能力。

（42）鼓励和支持市场主体健全技术资料与商业秘密管理制度，建立知识产权价值评估、统计和财务核算制度，制订知识产权信息检索和重大事项预警等制度，完善对外合作知识产权管理制度。

（43）鼓励市场主体依法应对涉及知识产权的侵权行为和法律诉讼，提高应对知识产权纠纷的能力。

### （三）加快知识产权法制建设。

（44）建立适应知识产权特点的立法机制，提高立法质量，加快立法进程。加强知识产权立法前瞻性研究，做好立法后评估工作。增强立法透明度，拓宽企业、行业协会和社会公众参与立法的渠道。加强知识产权法律修改和立法解释，及时有效回应知识产权新问题。研究制定知识产权基础性法律的必要性和可行性。

### （四）提高知识产权执法水平。

（45）完善知识产权审判体制，优化审判资源配置，简化救济程序。研究设置统一受理知识产权民事、行政和刑事案件的专门知识产权法庭。研究适当集中专利等技术性较强案件的审理管辖权问题，探索建立知识产权上诉法院。进一步健全知识产权审判机构，充实知识产权司法队伍，提高审判和执行能力。

（46）加强知识产权司法解释工作。针对知识产权案件专业性强等特点，建立和完善司法鉴定、专家证人、技术调查等诉讼制度，完善知识产权诉前临时措施制度。改革专利和商标确权、授权程序，研究专利无效审理和商标评审机构向准司法机构转变的问题。

（47）提高知识产权执法队伍素质，合理配置执法资源，提高执法效率。针对反复侵权、群体性侵权以及大规模假冒、盗版等行为，有计划、有重点地开展知识产权保护专项行动。加大行政执法机关向刑事司法机关移送知识产权刑事案件和刑事司法机关受理知识产权刑事案件的力度。

（48）加大海关执法力度，加强知识产权边境保护，维护良好的进出口秩序，提高我国出口商品的声誉。充分利用海关执法国际合作机制，打击跨境知识产权违法犯罪行为，发挥海关在国际知识产权保护事务中的影响力。

### （五）加强知识产权行政管理。

（49）制定并实施地区和行业知识产权战略。建立健全重大经济活动知识产权审议制度。扶持符合经济社会发展需要的自主知识产权创造与产业化项目。

（50）充实知识产权管理队伍，加强业务培训，提高人员素质。根据经济社会发展需要，县级以上人民政府可设立相应的知识产权管理机构。

（51）完善知识产权审查及登记制度，加强能力建设，优化程序，提高效率，降低行政成本，提高知识产权公共服务水平。

（52）构建国家基础知识产权信息公共服务平台。建设高质量的专利、商标、版权、集成电路布图设计、植物新品种、地理标志等知识产权基础信息库，加快开发适合我国检索方式与习惯的通用检索系统。健全植物新品种保护测试机构和保藏机构。建立国防知识产权信息平台。指导和鼓励各地区、各有关行业建设符合自身需要的知识产权信息库。促进知识产权系统集成、资源整合和信息共享。

（53）建立知识产权预警应急机制。发布重点领域的知识产权发展态势报告，对可能发生的涉及面广、影响大的知识产权纠纷、争端和突发事件，制订预案，妥善应对，控制和减轻损害。

### （六）发展知识产权中介服务。

（54）完善知识产权中介服务管理，加强行业自律，建立诚信信息管理、信用评价和失信惩戒等诚信管理制度。规范知识产权评估工作，提高评估公信度。

（55）建立知识产权中介服务执业培训制度，加强中介服务职业培训，规范执业资质管理。明确知识产权代理人等中介服务人员执业范围，研究建立相关律师代理制度。完善国防知识产权中介服务体系。大力提升中介组织涉外知识产权申请和纠纷处置服务能力及国际知识产权事务参与能力。

（56）充分发挥行业协会的作用，支持行业协会开展知识产权工作，促进知识产权信息交流，组织共同维权。加强政府对行业协会知识产权工作的监督指导。

（57）充分发挥技术市场的作用，构建信息充分、交易活跃、秩序良好的知识产权交易体系。简化交易程序，降低交易成本，提供优质服务。

（58）培育和发展市场化知识产权信息服务，满足不同层次知识产权信息需求。鼓励社会资金投资知识产权信息化建设，鼓励企业参与增值性知识产权信息开发利用。

## （七）加强知识产权人才队伍建设。

（59）建立部门协调机制，统筹规划知识产权人才队伍建设。加快建设国家和省级知识产权人才库和专业人才信息网络平台。

（60）建设若干国家知识产权人才培养基地。加快建设高水平的知识产权师资队伍。设立知识产权二级学科，支持有条件的高等学校设立知识产权硕士、博士学位授予点。大规模培养各级各类知识产权专业人才，重点培养企业急需的知识产权管理和中介服务人才。

（61）制定培训规划，广泛开展对党政领导干部、公务员、企事业单位管理人员、专业技术人员、文学艺术创作人员、教师等的知识产权培训。

（62）完善吸引、使用和管理知识产权专业人才相关制度，优化人才结构，促进人才合理流动。结合公务员法的实施，完善知识产权管理部门公务员管理制度。按照国家职称制度改革总体要求，建立和完善知识产权人才的专业技术评价体系。

## （八）推进知识产权文化建设。

（63）建立政府主导、新闻媒体支撑、社会公众广泛参与的知识产权宣传工作体系。完善协调机制，制定相关政策和工作计划，推动知识产权的宣传普及和知识产权文化建设。

（64）在高等学校开设知识产权相关课程，将知识产权教育纳入高校学生素质教育体系。制定并实施全国中小学知识产权普及教育计划，将知识产权内容纳入中小学教育课程体系。

## （九）扩大知识产权对外交流合作。

（65）加强知识产权领域的对外交流合作。建立和完善知识产权对外信息沟通交流机制。加强国际和区域知识产权信息资源及基础设施建设与利用的交流合作。鼓励开展知识产权人才培养的对外合作。引导公派留学生、鼓励自费留学生选修知识产权专业。支持引进或聘用海外知识产权高层次人才。积极参与国际知识产权秩序的构建，有效参与国际组织有关议程。

# 附件2　深入实施国家知识产权战略行动计划（2014—2020年）

知识产权局　中央宣传部　外交部　发展改革委　教育部　科技部　工业和信息化部　公安部　司法部　财政部　人力资源社会保障部　环境保护部　农业部　商务部　文化部　卫生计生委　国资委　海关总署　工商总局　质检总局　新闻出版广电总局　林业局　法制办　中科院　国防科工局　高法院　高检院　总装备部

《国家知识产权战略纲要》颁布实施以来，各地区、各有关部门认真贯彻党中央、国务院决策部署，推动知识产权战略实施工作取得新的进展和成效，基本实现了《国家知识产权战略纲要》确定的第一阶段五年目标，对促进经济社会发展发挥了重要支撑作用。随着知识经济和经济全球化深入发展，知识产权日益成为国家发展的战略性资源和国际竞争力的核心要素。深入实施知识产权战略是全面深化改革的重要支撑和保障，是推动经济结构优化升级的重要举措。为进一步贯彻落实《国家知识产权战略纲要》，全面提升知识产权综合能力，实现创新驱动发展，推动经济提质增效升级，特制定本行动计划。

## 一、总体要求

### （一）指导思想。

以邓小平理论、“三个代表”重要思想、科学发展观为指导，全面贯彻党的十八大和十八届二中、三中、四中全会精神，全面落实党中央、国务院各项决策部署，实施创新驱动发展战略，按照激励创造、有效运用、依法保护、科学管理的方针，坚持中国特色知识产权发展道路，着力加强知识产权运用和保护，积极营造良好的知识产权法治环境、市场环境、文化环境，认真谋划我国建设知识产权强国的发展路径，努力建设知识产权强国，为建设创新型国家和全面建成小康社会提供有力支撑。

### （二）主要目标。

到2020年，知识产权法治环境更加完善，创造、运用、保护和管理知识产权的能力显著增强，知识产权意识深入人心，知识产权制度对经济发展、文化繁荣和社会建设的促进作用充分显现。

——知识产权创造水平显著提高。知识产权拥有量进一步提高，结构明显优化，核心专利、知名品牌、版权精品和优良植物新品种大幅增加。形成一批拥有国外专利布局和全球知名品牌的知识产权优势企业。

——知识产权运用效果显著增强。市场主体运用知识产权参与市场竞争的能力明显提升，知识产权投融资额明显增加，知识产权市场价值充分显现。知识产权密集型产业增加值占国内生产总值的比重显著提高，知识产权服务业快速发展，服务能力基本满足市场需要，对产业结构优化升级的支撑作用明显提高。

——知识产权保护状况显著改善。知识产权保护体系更加完善，司法保护主导作用充分发挥，行政执法效能和市场监管水平明显提升。反复侵权、群体侵权、恶意侵权等行为受到有效制裁，知识产权犯罪分子受到有力震慑，知识产权权利人的合法权益得到有力保障，知识产权保护社会满意度进一步提高。

——知识产权管理能力显著增强。知识产权行政管理水平明显提高，审查能力达到国际先进水平，国家科技重大专项和科技计划实现知识产权全过程管理。重点院校和科研院所普遍建立知识产权管理制度。企业知识产权管理水平大幅提升。

——知识产权基础能力全面提升。构建国家知识产权基础信息公共服务平台。知识产权人才队伍规模充足、结构优化、布局合理、素质优良。全民知识产权意识显著增强，尊重知识、崇尚创新、诚信守法的知识产权文化理念深入人心。

2014—2020 年知识产权战略实施工作主要预期指标

| 指　标 | 2013 年 | 2015 年 | 2020 年 |
|---|---|---|---|
| 每万人口发明专利拥有量（件） | 4 | 6 | 14 |
| 通过《专利合作条约》途径提交的专利申请量（万件） | 2.2 | 3.0 | 7.5 |
| 国内发明专利平均维持年限（年） | 5.8 | 6.4 | 9.0 |
| 作品著作权登记量（万件） | 84.5 | 90 | 100 |
| 计算机软件著作权登记量（万件） | 16.4 | 17.2 | 20 |
| 全国技术市场登记的技术合同交易总额（万亿元） | 0.8 | 1.0 | 2.0 |
| 知识产权质押融资年度金额（亿元） | 687.5 | 750 | 1800 |
| 专有权利使用费和特许费出口收入（亿美元） | 13.6 | 20 | 80 |
| 知识产权服务业营业收入年均增长率（%） | 18 | 20 | 20 |
| 知识产权保护社会满意度（分） | 65 | 70 | 80 |
| 发明专利申请平均实质审查周期（月） | 22.3 | 21.7 | 20.2 |
| 商标注册平均审查周期（月） | 10 | 9 | 9 |

## 二、主要行动

### （一）促进知识产权创造运用，支撑产业转型升级。

——推动知识产权密集型产业发展。更加注重知识产权质量和效益，优化产业布局，引导产业创新，促进产业提质增效升级。面向产业集聚区、行业和企业，实施专利导航试点项目，开展专利布局，在关键技术领域形成一批专利组合，构建支撑产业发展和提升企业竞争力的专利储备。加强专利协同运用，推动专利联盟建设，建立具有产业特色的全国专利运营与产业化服务平台。建立运行高效、支撑有力的专利导航产业发展工作机制。完善企业主导、多方参与的专利协同运用体系，形成资源集聚、流转活跃的专利交易市场体系，促进专利运营业态健康发展。发布战略性新兴产业专利发展态势报告。鼓励有条件的地区发展区域特色知识产权密集型产业，构建优势互补的产业协调发展格局。建设一批知识产权密集型产业集聚区，在产业集聚区推行知识产权集群管理，构筑产业竞争优势。鼓励文化领域商业模式创新，加强文化品牌开发和建设，建立一批版权交易平台，活跃文化创意产品传播，增强文化创意产业核心竞争力。

——服务现代农业发展。加强植物新品种、农业技术专利、地理标志和农产品商标创造运用，促进农业向技术装备先进、综合效益明显的现代化方向发展。扶持新品种培育，推动育种创新成果转化为植物新品种权。以知识产权利益分享为纽带，加强种子企业与高校、科研院所的协作创新，建立品种权转让交易公共平台，提高农产品知识产权附加值。增加农业科技评价中知识产权指标权重。提高农业机械研发水平，加强农业机械专利布局，组建一批产业技术创新战略联盟。大力推进农业标准化，加快健全农业标准体系。建立地理标志联合认定机制。推广农户、基地、龙头企业、地理标志和农产品商标紧密结合的农产品经营模式。

——促进现代服务业发展。大力发展知识产权服务业，扩大服务规模、完善服务标准、提高服务质量，推动服务业向高端发展。培育知识产权服务市场，形成一批知识产权服务业集聚区。建立健全知识产权服务标准规范，加强对服务机构和从业人员的监管。发挥行业协会作用，加强知识产权服务行业自律。支持银行、证券、保险、信托等机构广泛参与知识产权金融服务，鼓励商业银行开发知识产权融资服务产品。完善知识产权投融资服务平台，引导企业拓展知识产权质押融资范围。引导和鼓励地方人民政府建立小微企业信贷风险补偿基金，对知识产权质押贷款提供重点支持。通过国家科技成果转化引导基金对科技成果转化贷款给予风险补偿。增加知识产权保险品种，扩大知识产权保险试点范围，加快培育并规范知识产权保险市场。

### （二）加强知识产权保护，营造良好市场环境。

——加强知识产权行政执法信息公开。贯彻落实《国务院批转全国打击侵犯知识产权和制售假冒伪劣商品工作领导小组〈关于依法公开制售假冒伪劣商品和侵犯知识产权行政处罚案件信息的意见（试行）〉的通知》（国发〔2014〕6号），扎实推进侵犯知识产权行政处罚案件信息公开，震慑违法者，同时促进执法者规范公正文明执法。将案件信息公开情况纳入打击侵权假冒工作统计通报范围并加强考核。探索建立与知识产权保护有关的信用标准，将恶意侵权行为纳入社会信用评价体系，向征信机构公开相关信息，提高知识产权保护社会信用水平。

——加强重点领域知识产权行政执法。积极开展执法专项行动，重点查办跨区域、大规模和社会反响强烈的侵权案件，加大对民生、重大项目和优势产业等领域侵犯知识产权行为的打击力度。加强执法协作、侵权判定咨询与纠纷快速调解工作。加强大型商业场所、展会知识产权保护。督促电子商务平台企业落实相关责任，督促邮政、快递企业完善并执行收寄验视制度，探索加强跨境贸易电子商务服务的知识产权监管。加强对视听节目、文学、游戏网站和网络交易平台的版权监管，规范网络作品使用，严厉打击网络侵权盗版，优化网络监管技术手段。开展国内自由贸易区知识产权保护状况调查，探索在货物生产、加工、转运中加强知识产权监管，创新并适时推广知识产权海关保护模式，依法加强国内自由贸易区知识产权执法。依法严厉打击进出口货物侵权行为。

——推进软件正版化工作。贯彻落实《国务院办公厅关于印发政府机关使用正版软件管理办法的通知》（国办发〔2013〕88号），巩固政府机关软件正版化工作成果，进一步推进国有企业软件正版化。完善软件正版化工作长效机制，推动软件资产管理、经费预算、审计监督、年度检查报告、考核和责任追究等制度落到实处，确保软件正版化工作常态化、规范化。

——加强知识产权刑事执法和司法保护。加大对侵犯知识产权犯罪案件的侦办力度，对重点案件挂牌督办。坚持打防结合，将专项打击逐步纳入常态化执法轨道。加强知识产权行政执法与刑事司法衔接，加大涉嫌犯罪案件移交工作力度。依法加强对侵犯知识产权刑事案件的审判工作，加大罚金刑适用力度，剥夺侵权人再犯罪能力和条件。加强知识产权民事和行政审判工作，营造良好的创新环境。按照关于设立知识产权法院的方案，为知识产权法院的组建与运行提供人财物等方面的保障和支持。

——推进知识产权纠纷社会预防与调解工作。探索以公证的方式保管知识产权证据及相关证明材料，加强对证明知识产权在先使用、侵权等行为的保全证据公证工作。开展知识产权纠纷诉讼与调解对接工作，依法规范知识产权纠纷调解工作，完善知识产权纠纷行业调解机制，培育一批社会调解组织，培养一批专业调解员。

### （三）强化知识产权管理，提升管理效能。

——强化科技创新知识产权管理。加强国家科技重大专项和科技计划知识产权管理，促进高校和科研院所知识产权转移转化。落实国家科技重大专项和科技计划项目管理部门、项目承担单位等知识产权管理职责，明确责任主体。将知识产权管理纳入国家科技重大专项和科技计划全过程管理，建立国家科技重大专项和科技计划完成后的知识产权目标评估制度。探索建立科技重大专项承担单位和各参与单位知识产权利益分享机制。开展中央级事业单位科技成果使用、处置和收益管理改革试点，促进知识产权转化运用。完善高校和科研院所知识产权管理规范，鼓励高校和科研院所建立知识产权转移转化机构。

——加强知识产权审查。完善审查制度、加强审查管理、优化审查方式，提高知识产权审查质量和效率。完善知识产权申请与审查制度，完善专利审查快速通道，建立商标审查绿色通道和软件著作权快速登记通道。在有关考核评价中突出专利质量导向，加大专利质量指标评价权重。加强专利审查质量管理，完善专利审查标准。加强专利申请质量监测，加大对低质量专利申请的查处力度。优化专利审查方式，稳步推进专利审查协作中心建设，提升专利审查能力。优化商标审查体系，建立健全便捷高效的商标审查协作机制，完善商标审查标准，提高商标审查质量和效率。提高植物新品种测试能力，完善植物新品种权审查制度。

——实施重大经济活动知识产权评议。针对重大产业规划、政府重大投资活动等开展知识产权评议。加强知识产权主管部门和产业主管部门间的沟通协作，制定发布重大经济活动知识产权评议指导手册，提高知识产权服务机构评议服务能力。推动建立重大经济活动知识产权评议制度，明确评议内容，规范评议程序。引导企业自主开展知识产权评议工作，规避知识产权风险。

——引导企业加强知识产权管理。引导企业提高知识产权规范化管理水平，加强知识产权资产管理，促进企业提升竞争力。建立知识产权管理标准认证制度，引导企业贯彻知识产权管理规范。建立健全知识产权价值分析标准和评估方法，完善会计准则及其相关资产管理制度，推动企业在并购、股权流转、对外投资等活动中加强知识产权资产管理。制定知识产权委托管理服务规范，引导和支持知识产权服务机构为中小微企业提供知识产权委托管理服务。

——加强国防知识产权管理。强化国防知识产权战略实施组织管理，加快国防知识产权政策法规体系建设，推动知识产权管理融入国防科研生产和装备采购各环节。规范国防知识产权权利归属与利益分配，促进形成军民结合高新技术领域自主知识产权。完善国防知识产权解密制度，引导优势民用知识产权进入军品科研生产领域，促进知识产权军民双向转化实施。

**（四）拓展知识产权国际合作，推动国际竞争力提升。**

——加强涉外知识产权工作。公平公正保护知识产权，对国内外企业和个人的知识产权一视同仁、同等保护。加强与国际组织合作，巩固和发展与主要国家/地区的多双边知识产权交流。提高专利审查国际业务承接能力，建设专利审查高速路，加强专利审查国际合作，提升我国专利审查业务国际影响力。加强驻外使领馆知识产权工作力度，跟踪研究有关国家的知识产权法规政策，加强知识产权涉外信息交流，做好涉外知识产权应对工作。建立完善多双边执法合作机制，推进国际海关间知识产权执法合作。

——完善与对外贸易有关的知识产权规则。追踪各类贸易区知识产权谈判进程，推动形成有利于公平贸易的知识产权规则。落实对外贸易法中知识产权保护相关规定，研究针对进口贸易建立知识产权境内保护制度，对进口产品侵犯中国知识产权的行为和进口贸易中其他不公平竞争行为开展调查。

——支持企业“走出去”。及时收集发布主要贸易目的地、对外投资目的地知识产权相关信息。加强知识产权培训，支持企业在国外布局知识产权。加强政府、企业和社会资本的协作，在信息技术等重点领域探索建立公益性和市场化运作的专利运营公司。加大海外知识产权维权援助机制建设，鼓励企业建立知识产权海外维权联盟，帮助企业在当地及时获得知识产权保护。引导知识产权服务机构提高海外知识产权事务处理能力，为企业“走出去”提供专业服务。

## 三、基础工程

### （一）知识产权信息服务工程。

推动专利、商标、版权、植物新品种、地理标志、民间文艺、遗传资源及相关传统知识等各类知识产权基础信息公共服务平台互联互通，逐步实现基础信息共享。知识产权基础信息资源免费或低成本向社会开放，基本检索工具免费供社会公众使用，提高知识产权信息利用便利度。指导有关行业建设知识产权专业信息库，鼓励社会机构对知识产权信息进行深加工，提供专业化、市场化的知识产权信息服务，满足社会多层次需求。

### （二）知识产权调查统计工程。

开展知识产权统计监测，全面反映知识产权的发展状况。逐步建立知识产权产业统计制度，完善知识产权服务业统计制度，明确统计范围，统一指标口径，在新修订的国民经济核算体系中体现知识产权内容。

### （三）知识产权人才队伍建设工程。

建设若干国家知识产权人才培养基地，推动建设知识产权协同创新中心。开展以党政领导干部、公务员、企事业单位管理人员、专业技术人员、文学艺术创作人员、教师等为重点的知识产权培训。将知识产权内容纳入学校教育课程体系，建立若干知识产权宣传教育示范学校。将知识产权内容全面纳入国家普法教育和全民科学素养提升工作。依托海外高层次人才引进计划引进急需的知识产权高端人才。深入开展百千万知识产权人才工程，建立面向社会的知识产权人才库。完善知识产权专业技术人才评价制度。

## 四、保障措施

### （一）加强组织实施。

国家知识产权战略实施工作部际联席会议（以下简称联席会议）负责组织实施本行动计划，并加强对地方知识产权战略实施的指导和支持。知识产权局要发挥牵头作用，认真履行联席会议办公室职责，建立完善相互支持、密切协作、运转顺畅的工作机制，推进知识产权战略实施工作开展，并组织相关部门开展知识产权强国建设研究，提出知识产权强国建设的战略目标、思路和举措，积极推进知识产权强国建设。联席会议各成员单位要各负其责并尽快制定具体实施方案。地方各级政府要将知识产权战略实施工作纳入当地国民经济和社会发展总体规划，将本行动计划落实工作纳入重要议事日程和考核范围。

### （二）加强督促检查。

联席会议要加强对战略实施状况的监测评估，对各项任务落实情况组织开展监督检查，重要情况及时报告国务院。知识产权局要会同联席会议各成员单位及相关部门加强对地方知识产权战略实施工作的监督指导。

### （三）加强财政支持。

中央财政通过相关部门的部门预算渠道安排资金支持知识产权战略实施工

作。引导支持国家产业发展的财政资金和基金向促进科技成果产权化、知识产权产业化方向倾斜。完善知识产权资助政策，适当降低中小微企业知识产权申请和维持费用，加大对中小微企业知识产权创造和运用的支持力度。

（四）完善法律法规。

推动专利法、著作权法及配套法规修订工作，建立健全知识产权保护长效机制，加大对侵权行为的惩处力度。适时做好遗传资源、传统知识、民间文艺和地理标志等方面的立法工作。研究修订反不正当竞争法、知识产权海关保护条例、植物新品种保护条例等法律法规。研究制定防止知识产权滥用的规范性文件。

# 附件3 国务院关于新形势下加快知识产权强国建设的若干意见

各省、自治区、直辖市人民政府，国务院各部委、各直属机构：

国家知识产权战略实施以来，我国知识产权创造运用水平大幅提高，保护状况明显改善，全社会知识产权意识普遍增强，知识产权工作取得长足进步，对经济社会发展发挥了重要作用。同时，仍面临知识产权大而不强、多而不优、保护不够严格、侵权易发多发、影响创新创业热情等问题，亟待研究解决。当前，全球新一轮科技革命和产业变革蓄势待发，我国经济发展方式加快转变，创新引领发展的趋势更加明显，知识产权制度激励创新的基本保障作用更加突出。为深入实施创新驱动发展战略，深化知识产权领域改革，加快知识产权强国建设，现提出如下意见。

## 一、总体要求

### （一）指导思想。

全面贯彻党的十八大和十八届二中、三中、四中、五中全会精神，按照“四个全面”战略布局和党中央、国务院决策部署，深入实施国家知识产权战略，深化知识产权重点领域改革，有效促进知识产权创造运用，实行更加严格的知识产权保护，优化知识产权公共服务，促进新技术、新产业、新业态蓬勃发展，提升产业国际化发展水平，保障和激励大众创业、万众创新，为实施创新驱动发展战略提供有力支撑，为推动经济保持中高速增长、迈向中高端水平，实现“两个一百年”奋斗目标和中华民族伟大复兴的中国梦奠定更加坚实的基础。

### （二）基本原则。

坚持战略引领。按照创新驱动发展战略和“一带一路”等战略部署，推动提升知识产权创造、运用、保护、管理和服务能力，深化知识产权战略实施，提升知识产权质量，实现从大向强、从多向优的转变，实施新一轮高水平对外开放，促进经济持续健康发展。

坚持改革创新。加快完善中国特色知识产权制度，改革创新体制机制，破除制约知识产权事业发展的障碍，着力推进创新改革试验，强化分配制度的知识价值导向，充分发挥知识产权制度在激励创新、促进创新成果合理分享方面的关键作用，推动企业提质增效、产业转型升级。

坚持市场主导。发挥市场配置创新资源的决定性作用，强化企业创新主体地位和主导作用，促进创新要素合理流动和高效配置。加快简政放权、放管结合、优化服务，加强知识产权政策支持、公共服务和市场监管，着力构建公平公正、开放透明的知识产权法治环境和市场环境，促进大众创业、万众创新。

坚持统筹兼顾。统筹国际国内创新资源，形成若干知识产权领先发展区域，培育我国知识产权优势。加强全球开放创新协作，积极参与、推动知识产权国际规则制定和完善，构建公平合理国际经济秩序，为市场主体参与国际竞争创造有利条件，实现优进优出和互利共赢。

### （三）主要目标。

到2020年，在知识产权重要领域和关键环节改革上取得决定性成果，知识产权授权确权和执法保护体系进一步完善，基本形成权界清晰、分工合理、责权一致、运转高效、法治保障的知识产权体制机制，知识产权创造、运用、保护、管理和服务能力大幅提升，创新创业环境进一步优化，逐步形成产业参与国际竞争的知识产权新优势，基本实现知识产权治理体系和治理能力现代化，建成一批知识产权强省、强市，知识产权大国地位得到全方位巩固，为建成中国特色、世界水平的知识产权强国奠定坚实基础。

## 二、推进知识产权管理体制机制改革

### （四）研究完善知识产权管理体制。

完善国家知识产权战略实施工作部际联席会议制度，由国务院领导同志担任召集人。积极研究探索知识产权管理体制机制改革。授权地方开展知识产权改革试验。鼓励有条件的地方开展知识产权综合管理改革试点。

### （五）改善知识产权服务业及社会组织管理。

放宽知识产权服务业准入，促进服务业优质高效发展，加快建设知识产权服务业集聚区。扩大专利代理领域开放，放宽对专利代理机构股东或合伙人的条件限制。探索开展知识产权服务行业协会组织“一业多会”试点。完善执业信息披露制度，及时公开知识产权代理机构和从业人员信用评价等相关信息。规范著作权集体管理机构收费标准，完善收益分配制度，让著作权人获得更多许可收益。

### （六）建立重大经济活动知识产权评议制度。

研究制定知识产权评议政策。完善知识产权评议工作指南，规范评议范围和程序。围绕国家重大产业规划、高技术领域重大投资项目等开展知识产权评议，建立国家科技计划知识产权目标评估制度，积极探索重大科技活动知识产权评议试点，建立重点领域知识产权评议报告发布制度，提高创新效率，降低产业发展风险。

### （七）建立以知识产权为重要内容的创新驱动发展评价制度。

完善发展评价体系，将知识产权产品逐步纳入国民经济核算，将知识产权指标纳入国民经济和社会发展规划。发布年度知识产权发展状况报告。在对党政领导班子和领导干部进行综合考核评价时，注重鼓励发明创造、保护知识产权、加强转化运用、营造良好环境等方面的情况和成效。探索建立经营业绩、知识产权和创新并重的国有企业考评模式。按照国家有关规定设置知识产权奖励项目，加大各类国家奖励制度的知识产权评价权重。

## 三、实行严格的知识产权保护

### （八）加大知识产权侵权行为惩治力度。

推动知识产权保护法治化，发挥司法保护的主导作用，完善行政执法和司法保护两条途径优势互补、有机衔接的知识产权保护模式。提高知识产权侵权法定赔偿上限，针对情节严重的恶意侵权行为实施惩罚性赔偿并由侵权人承担实际发生的合理开支。进一步推进侵犯知识产权行政处罚案件信息公开。完善知识产权快速维权机制。加强海关知识产权执法保护。加大国际展会、电子商务等领域知识产权执法力度。开展与相关国际组织和境外执法部门的联合执法，加强知识产权司法保护对外合作，推动我国成为知识产权国际纠纷的重要解决地，构建更有国际竞争力的开放创新环境。

### （九）加大知识产权犯罪打击力度。

依法严厉打击侵犯知识产权犯罪行为，重点打击链条式、产业化知识产权犯罪网络。进一步加强知识产权行政执法与刑事司法衔接，加大涉嫌犯罪案件移交工作力度。完善涉外知识产权执法机制，加强刑事执法国际合作，加大涉外知识产权犯罪案件侦办力度。加强与有关国际组织和国家间打击知识产权犯罪行为的司法协助，加大案情通报和情报信息交换力度。

### （十）建立健全知识产权保护预警防范机制。

将故意侵犯知识产权行为情况纳入企业和个人信用记录。推动完善商业秘密保护法律法规，加强人才交流和技术合作中的商业秘密保护。开展知识产权保护社会满意度调查。建立收集假冒产品来源地相关信息的工作机制，发布年度中国海关知识产权保护状况报告。加强大型专业化市场知识产权管理和保护工作。发挥行业组织在知识产权保护中的积极作用。运用大数据、云计算、物联网等信息技术，加强在线创意、研发成果的知识产权保护，提升预警防范能力。加大对小微企业知识产权保护援助力度，构建公平竞争、公平监管的创新创业和营商环境。

### （十一）加强新业态新领域创新成果的知识产权保护。

完善植物新品种、生物遗传资源及其相关传统知识、数据库保护和国防知识产权等相关法律制度。适时做好地理标志立法工作。研究完善商业模式知识产权保护制度和实用艺术品外观设计专利保护制度。加强互联网、电子商务、大数据等领域的知识产权保护规则研究，推动完善相关法律法规。制定众创、众包、众扶、众筹的知识产权保护政策。

### （十二）规制知识产权滥用行为。

完善规制知识产权滥用行为的法律制度，制定相关反垄断执法指南。完善知识产权反垄断监管机制，依法查处滥用知识产权排除和限制竞争等垄断行为。完善标准必要专利的公平、合理、无歧视许可政策和停止侵权适用规则。

## 四、促进知识产权创造运用

### （十三）完善知识产权审查和注册机制。

建立计算机软件著作权快速登记通道。优化专利和商标的审查流程与方式，实现知识产权在线登记、电子申请和无纸化审批。完善知识产权审查协作机制，建立重点优势产业专利申请的集中审查制度，建立健全涉及产业安全的专利审查工作机制。合理扩大专利确权程序依职权审查范围，完善授权后专利文件修改制度。拓展“专利审查高速路”国际合作网络，加快建设世界一流专利审查机构。

### （十四）完善职务发明制度。

鼓励和引导企事业单位依法建立健全发明报告、权属划分、奖励报酬、纠纷解决等职务发明管理制度。探索完善创新成果收益分配制度，提高骨干团队、主要发明人收益比重，保障职务发明人的合法权益。按照相关政策规定，鼓励国有企业赋予下属科研院所知识产权处置和收益分配权。

### （十五）推动专利许可制度改革。

强化专利以许可方式对外扩散。研究建立专利当然许可制度，鼓励更多专利权人对社会公开许可专利。完善专利强制许可启动、审批和实施程序。鼓励高等院校、科研院所等事业单位通过无偿许可专利的方式，支持单位员工和大学生创新创业。

**（十六）加强知识产权交易平台建设。**

构建知识产权运营服务体系，加快建设全国知识产权运营公共服务平台。创新知识产权投融资产品，探索知识产权证券化，完善知识产权信用担保机制，推动发展投贷联动、投保联动、投债联动等新模式。在全面创新改革试验区域引导天使投资、风险投资、私募基金加强对高技术领域的投资。细化会计准则规定，推动企业科学核算和管理知识产权资产。推动高等院校、科研院所建立健全知识产权转移转化机构。支持探索知识产权创造与运营的众筹、众包模式，促进“互联网＋知识产权”融合发展。

**（十七）培育知识产权密集型产业。**

探索制定知识产权密集型产业目录和发展规划。运用股权投资基金等市场化方式，引导社会资金投入知识产权密集型产业。加大政府采购对知识产权密集型产品的支持力度。试点建设知识产权密集型产业集聚区和知识产权密集型产业产品示范基地，推行知识产权集群管理，推动先进制造业加快发展，产业迈向中高端水平。

**（十八）提升知识产权附加值和国际影响力。**

实施专利质量提升工程，培育一批核心专利。加大轻工、纺织、服装等产业的外观设计专利保护力度。深化商标富农工作。加强对非物质文化遗产、民间文艺、传统知识的开发利用，推进文化创意、设计服务与相关产业融合发展。支持企业运用知识产权进行海外股权投资。积极参与国际标准制定，推动有知识产权的创新技术转化为标准。支持研究机构和社会组织制定品牌评价国际标准，建立品牌价值评价体系。支持企业建立品牌管理体系，鼓励企业收购海外知名品牌。保护和传承中华老字号，大力推动中医药、中华传统餐饮、工艺美术等企业“走出去”。

**（十九）加强知识产权信息开放利用。**

推进专利数据信息资源开放共享，增强大数据运用能力。建立财政资助项目形成的知识产权信息披露制度。加快落实上市企业知识产权信息披露制度。规范知识产权信息采集程序和内容。完善知识产权许可的信息备案和公告制度。加快建设互联互通的知识产权信息公共服务平台，实现专利、商标、版权、集成电路布图设计、植物新品种、地理标志等基础信息免费或低成本开放。依法及时公开专利审查过程信息。增加知识产权信息服务网点，完善知识产权信息公共服务网络。

## 五、加强重点产业知识产权海外布局和风险防控

### （二十）加强重点产业知识产权海外布局规划。

加大创新成果标准化和专利化工作力度，推动形成标准研制与专利布局有效衔接机制。研究制定标准必要专利布局指南。编制发布相关国家/地区专利申请实务指引。围绕战略性新兴产业等重点领域，建立专利导航产业发展工作机制，实施产业规划类和企业运营类专利导航项目，绘制服务我国产业发展的相关国家/地区专利导航图，推动我国产业深度融入全球产业链、价值链和创新链。

### （二十一）拓展海外知识产权布局渠道。

推动企业、科研机构、高等院校等联合开展海外专利布局工作。鼓励企业建立专利收储基金。加强企业知识产权布局指导，在产业园区和重点企业探索设立知识产权布局设计中心。分类制定知识产权跨国许可与转让指南，编制发布知识产权许可合同范本。

### （二十二）完善海外知识产权风险预警体系。

建立健全知识产权管理与服务等标准体系。支持行业协会、专业机构跟踪发布重点产业知识产权信息和竞争动态。制定完善与知识产权相关的贸易调查应对与风险防控国别指南。完善海外知识产权信息服务平台，发布相关国家/地区知识产权制度环境等信息。建立完善企业海外知识产权问题及案件信息提交机制，加强对重大知识产权案件的跟踪研究，及时发布风险提示。

### （二十三）提升海外知识产权风险防控能力。

研究完善技术进出口管理相关制度，优化简化技术进出口审批流程。完善财

政资助科技计划项目形成的知识产权对外转让和独占许可管理制度。制定并推行知识产权尽职调查规范。支持法律服务机构为企业提供全方位、高品质知识产权法律服务。探索以公证方式保管知识产权证据、证明材料。推动企业建立知识产权分析评议机制，重点针对人才引进、国际参展、产品和技术进出口等活动开展知识产权风险评估，提高企业应对知识产权国际纠纷能力。

### （二十四）加强海外知识产权维权援助。

制定实施应对海外产业重大知识产权纠纷的政策。研究我驻国际组织、主要国家/地区外交机构中涉知识产权事务的人力配备。发布海外和涉外知识产权服务和维权援助机构名录，推动形成海外知识产权服务网络。

## 六、提升知识产权对外合作水平

### （二十五）推动构建更加公平合理的国际知识产权规则。

积极参与联合国框架下的发展议程，推动《TRIPS协定与公共健康多哈宣言》落实和《视听表演北京条约》生效，参与《专利合作条约》、《保护广播组织条约》、《生物多样性公约》等规则修订的国际谈判，推进加入《工业品外观设计国际注册海牙协定》和《马拉喀什条约》进程，推动知识产权国际规则向普惠包容、平衡有效的方向发展。

### （二十六）加强知识产权对外合作机制建设。

加强与世界知识产权组织、世界贸易组织及相关国际组织的合作交流。深化同主要国家知识产权、经贸、海关等部门的合作，巩固与传统合作伙伴的友好关系。推动相关国际组织在我国设立知识产权仲裁和调解分中心。加强国内外知名地理标志产品的保护合作，促进地理标志产品国际化发展。积极推动区域全面经济伙伴关系和亚太经济合作组织框架下的知识产权合作，探索建立“一带一路”沿线国家/地区知识产权合作机制。

### （二十七）加大对发展中国家知识产权援助力度。

支持和援助发展中国家知识产权能力建设，鼓励向部分最不发达国家优惠许可其发展急需的专利技术。加强面向发展中国家的知识产权学历教育和短期培训。

### （二十八）拓宽知识产权公共外交渠道。

拓宽企业参与国际和区域性知识产权规则制修订途径。推动国内服务机构、产业联盟等加强与国外相关组织的合作交流。建立具有国际水平的知识产权智库，建立博鳌亚洲论坛知识产权研讨交流机制，积极开展具有国际影响力的知识产权研讨交流活动。

## 七、加强组织实施和政策保障

### （二十九）加强组织领导。

各地区、各有关部门要高度重视，加强组织领导，结合实际制定实施方案和配套政策，推动各项措施有效落实。国家知识产权战略实施工作部际联席会议办公室要在国务院领导下，加强统筹协调，研究提出知识产权“十三五”规划等具体政策措施，协调解决重大问题，加强对有关政策措施落实工作的指导、督促、检查。

### （三十）加大财税和金融支持力度。

运用财政资金引导和促进科技成果产权化、知识产权产业化。落实研究开发费用税前加计扣除政策，对符合条件的知识产权费用按规定实行加计扣除。制定专利收费减缴办法，合理降低专利申请和维持费用。积极推进知识产权海外侵权责任保险工作。深入开展知识产权质押融资风险补偿基金和重点产业知识产权运营基金试点。

### （三十一）加强知识产权专业人才队伍建设。

加强知识产权相关学科建设，完善产学研联合培养模式，在管理学和经济学中增设知识产权专业，加强知识产权专业学位教育。加大对各类创新人才的知识产权培训力度。鼓励我国知识产权人才获得海外相应资格证书。鼓励各地引进高端知识产权人才，并参照有关人才引进计划给予相关待遇。探索建立知识产权国际化人才储备库和利用知识产权发现人才的信息平台。进一步完善知识产权职业水平评价制度，稳定和壮大知识产权专业人才队伍。选拔培训一批知识产权创业导师，加强青年创业指导。

## （三十二）加强宣传引导。

各地区、各有关部门要加强知识产权文化建设，加大宣传力度，广泛开展知识产权普及型教育，加强知识产权公益宣传和咨询服务，提高全社会知识产权意识，使尊重知识、崇尚创新、诚信守法理念深入人心，为加快建设知识产权强国营造良好氛围。

国务院

2015年12月18日

# 附件4 “十三五”国家知识产权保护和运用规划

为贯彻落实党中央、国务院关于知识产权工作的一系列重要部署，全面深入实施《国务院关于新形势下加快知识产权强国建设的若干意见》（国发〔2015〕71号），提升知识产权保护和运用水平，依据《中华人民共和国国民经济和社会发展第十三个五年规划纲要》，制定本规划。

## 一、规划背景

“十二五”时期，各地区、各相关部门深入实施国家知识产权战略，促进知识产权工作融入经济社会发展大局，为创新驱动发展提供了有力支撑，进一步巩固了我国的知识产权大国地位。发明专利申请量和商标注册量稳居世界首位。与“十一五”末相比，每万人口发明专利拥有量达到6.3件，增长了3倍；每万市场主体的平均有效商标拥有量达到1335件，增长了34.2%；通过《专利合作条约》途径提交的专利申请量（以下称PCT专利申请量）达到3万件，增长了2.4倍，跻身世界前三位；植物新品种申请量居世界第二位；全国作品登记数量和计算机软件著作权登记量分别增长95.9%和282.5%；地理标志、集成电路布图设计等注册登记数量大幅增加。知识产权制度进一步健全，知识产权创造、运用、保护、管理和服务的政策措施更加完善，专业人才队伍不断壮大。市场主体知识产权综合运用能力明显提高，国际合作水平显著提升，形成了一批具有国际竞争力的知识产权优势企业。知识产权质押融资额达到3289亿元，年均增长38%。专利、商标许可备案分别达到4万件、14.7万件，版权产业对国民经济增长的贡献率超过7%。知识产权司法保护体系不断完善，在北京、上海和广州相继设立知识产权法院，民事、刑事、行政案件的“三合一”审理机制改革试点基本完成，司法裁判标准更加细致完备，司法保护能力与水平不断提升。知识产权行政保护不断加强，全国共查处专利侵权假冒案件8.7万件，商标权、商业秘密和其他销售假冒伪劣商品等侵权假冒案件32.2万件，侵权盗版案件3.5万件。全社会知识产权意识得到普遍增强。

同时，我国知识产权数量与质量不协调、区域发展不平衡、保护还不够严格等问题依然突出。核心专利、知名品牌、精品版权较少，布局还不合理。与经济发展融合还不够紧密，转移转化效益还不够高，影响企业知识产权竞争能力提升。侵权易发多发，维权仍面临举证难、成本高、赔偿低等问题，影响创新创业热情。管理体制机制还不够完善，国际交流合作深度与广度还有待进一步拓展。

“十三五”时期是我国由知识产权大国向知识产权强国迈进的战略机遇期。国际知识产权竞争更加激烈。我国经济发展进入速度变化、结构优化、动力转换的新常态。知识产权作为科技成果向现实生产力转化的重要桥梁和纽带，激励创新的基本保障作用更加突出。各地区、各相关部门要准确把握新形势新特点，深化知识产权领域改革，破除制约知识产权发展的障碍，全面提高知识产权治理能力，推动知识产权事业取得突破性进展，为促进经济提质增效升级提供有力支撑。

## 二、指导思想、基本原则和发展目标

### （一）指导思想。

全面贯彻党的十八大和十八届三中、四中、五中、六中全会精神，以邓小平理论、“三个代表”重要思想、科学发展观为指导，深入贯彻习近平总书记系列重要讲话精神，紧紧围绕统筹推进“五位一体”总体布局和协调推进“四个全面”战略布局，牢固树立和贯彻落实创新、协调、绿色、开放、共享的发展理念，认真落实党中央、国务院决策部署，以供给侧结构性改革为主线，深入实施国家知识产权战略，深化知识产权领域改革，打通知识产权创造、运用、保护、管理和服务的全链条，严格知识产权保护，加强知识产权运用，提升知识产权质量和效益，扩大知识产权国际影响力，加快建设中国特色、世界水平的知识产权强国，为实现“两个一百年”奋斗目标和中华民族伟大复兴的中国梦提供更加有力的支撑。

### （二）基本原则。

坚持创新引领。推动知识产权领域理论、制度、文化创新，探索知识产权工作新理念和新模式，厚植知识产权发展新优势，保障创新者的合法权益，激发全社会创新创造热情，培育经济发展新动能。

坚持统筹协调。加强知识产权工作统筹，推进知识产权与产业、科技、环保、金融、贸易以及军民融合等政策的衔接。做好分类指导和区域布局，坚持总体提升与重点突破相结合，推动知识产权事业全面、协调、可持续发展。

坚持绿色发展。加强知识产权资源布局，优化知识产权法律环境、政策环境、社会环境和产业生态，推进传统制造业绿色改造，促进产业低碳循环发展，推动资源利用节约高效、生态环境持续改善。

坚持开放共享。统筹国内国际两个大局，加强内外联动，增加公共产品和公共服务有效供给，强化知识产权基础信息互联互通和传播利用，积极参与知识产权全球治理，推动国际知识产权制度向普惠包容、平衡有效的方向发展，持续提升国际影响力和竞争力。

### （三）发展目标。

到2020年，知识产权战略行动计划目标如期完成，知识产权重要领域和关键环节的改革取得决定性成果，保护和运用能力得到大幅提升，建成一批知识产权强省、强市，为促进大众创业、万众创新提供有力保障，为建设知识产权强国奠定坚实基础。

——知识产权保护环境显著改善。知识产权法治环境显著优化，法律法规进一步健全，权益分配更加合理，执法保护体系更加健全，市场监管水平明显提升，保护状况社会满意度大幅提高。知识产权市场支撑环境全面优化，服务业规模和水平较好地满足市场需求，形成“尊重知识、崇尚创新、诚信守法”的文化氛围。

——知识产权运用效益充分显现。知识产权的市场价值显著提高，产业化水平全面提升，知识产权密集型产业占国内生产总值（GDP）比重明显提高，成为经济增长新动能。知识产权交易运营更加活跃，技术、资金、人才等创新要素以知识产权为纽带实现合理流动，带动社会就业岗位显著增加，知识产权国际贸易更加活跃，海外市场利益得到有效维护，形成支撑创新发展的运行机制。

——知识产权综合能力大幅提升。知识产权拥有量进一步提高，核心专利、知名品牌、精品版权、优秀集成电路布图设计、优良植物新品种等优质资源大幅增加。行政管理能力明显提升，基本形成权界清晰、分工合理、责权一致、运转高效、法治保障的知识产权体制机制。专业人才队伍数量充足、素质优良、结构合理。构建知识产权运营公共服务平台体系，建成便民利民的知识产权信息公共服务平台。知识产权运营、金融等业态发育更加成熟，资本化、商品化和产业化的渠道进一步畅通，市场竞争能力大幅提升，形成更多具有国际影响力的知识产权优势企业。国际事务处理能力不断提高，国际影响力进一步提升。

**“十三五”知识产权保护和运用主要指标**

| 指标 | 2015年 | 2020年 | 累计增加值 | 属性 |
|---|---|---|---|---|
| 每万人口发明专利拥有量（件） | 6.3 | 12 | 5.7 | 预期性 |
| PCT专利申请量（万件） | 3 | 6 | 3 | 预期性 |
| 植物新品种申请总量（万件） | 1.7 | 2.5 | 0.8 | 预期性 |
| 全国作品登记数量（万件） | 135 | 220 | 85 | 预期性 |
| 年度知识产权质押融资金额（亿元） | 750 | 1800 | 1050 | 预期性 |
| 计算机软件著作权登记数量（万件） | 29 | 44 | 15 | 预期性 |
| 规模以上制造业每亿元主营业务收入有效发明专利数（件） | 0.56 | 0.7 | 0.14 | 预期性 |
| 知识产权使用费出口额（亿美元） | 44.4 | 100 | 55.6 | 预期性 |
| 知识产权服务业营业收入年均增长（%） | 20 | 20 | – | 预期性 |
| 知识产权保护社会满意度（分） | 70 | 80 | 10 | 预期性 |

**注：**知识产权使用费出口额为五年累计值。

## 三、主要任务

贯彻落实党中央、国务院决策部署，深入实施知识产权战略，深化知识产权领域改革，完善知识产权强国政策体系，全面提升知识产权保护和运用水平，全方位多层次加快知识产权强国建设。

### （一）深化知识产权领域改革。

积极研究探索知识产权管理体制机制改革，努力在重点领域和关键环节取得突破性成果。支持地方开展知识产权综合管理改革试点。建立以知识产权为重要内容的创新驱动评价体系，推动知识产权产品纳入国民经济核算，将知识产权指标纳入国民经济和社会发展考核体系。推进简政放权，简化和优化知识产权审查和注册流程。放宽知识产权服务业准入，扩大代理领域开放程度，放宽对专利代理机构股东和合伙人的条件限制。加快知识产权权益分配改革，完善有利于激励创新的知识产权归属制度，构建提升创新效率和效益的知识产权导向机制。

### （二）严格实行知识产权保护。

加快知识产权法律、法规、司法解释的制修订，构建包括司法审判、刑事司法、行政执法、快速维权、仲裁调解、行业自律、社会监督的知识产权保护工作格局。充分发挥全国打击侵犯知识产权和制售假冒伪劣商品工作领导小组作用，调动各方积极性，形成工作合力。以充分实现知识产权的市场价值为指引，进一步加大损害赔偿力度。推进诉讼诚信建设，依法严厉打击侵犯知识产权犯罪。强化行政执法，改进执法方式，提高执法效率，加大对制假源头、重复侵权、恶意侵权、群体侵权的查处力度，为创新者提供更便利的维权渠道。加强商标品牌保护，提高消费品商标公共服务水平。规范有效保护商业秘密。持续推进政府机关和企业软件正版化工作。健全知识产权纠纷的争议仲裁和快速调解制度。充分发挥行业组织的自律作用，引导企业强化主体责任。深化知识产权保护的区域协作和国际合作。

### （三）促进知识产权高效运用。

突出知识产权在科技创新、新兴产业培育方面的引领作用，大力发展知识产权密集型产业，完善专利导航产业发展工作机制，深入开展知识产权评议工作。加大高技术含量知识产权转移转化力度。创新知识产权运营模式和服务产品。完善科研开发与管理机构的知识产权管理制度，探索建立知识产权专员派驻机制。建立健全知识产权服务标准，完善知识产权服务体系。完善“知识产权 + 金融”服务机制，深入推进质押融资风险补偿试点。推动产业集群品牌的注册和保护，开展产业集群、品牌基地、地理标志、知识产权服务业集聚区培育试点示范工作。推动军民知识产权转移转化，促进军民融合深度发展。

## 四、重点工作

### （一）完善知识产权法律制度。

1. 加快知识产权法律法规建设。加快推动专利法、著作权法、反不正当竞争法及配套法规、植物新品种保护条例等法律法规的制修订工作。适时做好地理标志立法工作，健全遗传资源、传统知识、民间文艺、中医药、新闻作品、广播电视节目等领域法律制度。完善职务发明制度和规制知识产权滥用行为的法律制度，健全国防领域知识产权法规政策。

2. 健全知识产权相关法律制度。研究完善商业模式和实用艺术品等知识产权保护制度。研究“互联网+”、电子商务、大数据等新业态、新领域知识产权保护规则。研究新媒体条件下的新闻作品版权保护。研究实质性派生品种保护制度。制定关于滥用知识产权的反垄断指南。完善商业秘密保护法律制度，明确商业秘密和侵权行为界定，探索建立诉前保护制度。

**专栏1　知识产权法律完善工程**

推动修订完善知识产权法律、法规和部门规章。配合全国人大常委会完成专利法第四次全面修改。推进著作权法第三次修改。根据专利法、著作权法修改进度适时推进专利法实施细则、专利审查指南、著作权法实施条例等配套法规和部门规章的修订。完成专利代理条例和国防专利条例修订。

支持开展立法研究。组织研究制定知识产权基础性法律的必要性和可行性。研究在民事基础性法律中进一步明确知识产权制度的基本原则、一般规则及重要概念。研究开展反不正当竞争法、知识产权海关保护条例、生物遗传资源获取管理条例以及中医药等领域知识产权保护相关法律法规制修订工作。

### （二）提升知识产权保护水平。

1. 发挥知识产权司法保护作用。推动知识产权领域的司法体制改革，构建公正高效的知识产权司法保护体系，形成资源优化、科学运行、高效权威的知识产权综合审判体系，推进知识产权民事、刑事、行政案件的“三合一”审理机制，努力为知识产权权利人提供全方位和系统有效的保护，维护知识产权司法保护的稳定性、导向性、终局性和权威性。进一步发挥司法审查和司法监督职能。加强知识产权“双轨制”保护，发挥司法保护的主导作用，完善行政执法和司法保护两条途径优势互补、有机衔接的知识产权保护模式。加大对知识产权侵权行为的惩治力度，研究提高知识产权侵权法定赔偿上限，针对情节严重的恶意侵权行为实施惩罚性赔偿并由侵权人承担实际发生的合理开支。积极开展知识产权民事侵权诉讼程序与无效程序协调的研究。及时、有效做好知识产权司法救济工作。支持开展知识产权司法保护对外合作。

2. 强化知识产权刑事保护。完善常态化打防工作格局，进一步优化全程打击策略，全链条惩治侵权假冒犯罪。深化行政执法部门间的协作配合，探索使用专业技术手段，提升信息应用能力和数据运用水平，完善与电子商务企业协作机制。加强打假专业队伍能力建设。深化国际执法合作，加大涉外知识产权犯罪案件侦办力度，围绕重点案件开展跨国联合执法行动。

3. 加强知识产权行政执法体系建设。加强知识产权行政执法能力建设，统一执法标准，完善执法程序，提高执法专业化、信息化、规范化水平。完善知识产权联合执法和跨地区执法协作机制，积极开展执法专项行动，重点查办跨区域、大规模和社会反映强烈的侵权案件。建立完善专利、版权线上执法办案系统。完善打击侵权假冒商品的举报投诉机制。创新知识产权快速维权工作机制。完善知识产权行政执法监督，加强执法维权绩效管理。加大展会知识产权保护力度。加强严格知识产权保护的绩效评价，持续开展知识产权保护社会满意度调查。建立知识产权纠纷多元解决机制，加强知识产权仲裁机构和纠纷调解机构建设。

4. 强化进出口贸易知识产权保护。落实对外贸易法中知识产权保护相关规定，适时出台与进出口贸易相关的知识产权保护政策。改进知识产权海关保护执法体系，加大对优势领域和新业态、新领域创新成果的知识产权海关保护力度。完善自由贸易试验区、海关特殊监管区内货物及过境、转运、通运货物的知识产权海关保护执法程序，在确保有效监管的前提下促进贸易便利。坚持专项整治、丰富执法手段、完善运行机制，提高打击侵权假冒执行力度，突出打击互联网领域跨境电子商务侵权假冒违法活动。加强国内、国际执法合作，完善从生产源头到流通渠道、消费终端的全链条式管理。

5. 强化传统优势领域知识产权保护。开展遗传资源、传统知识和民间文艺等知识产权资源调查。制定非物质文化遗产知识产权工作指南，加强对优秀传统知识资源的保护和运用。完善传统知识和民间文艺登记、注册机制，鼓励社会资本发起设立传统知识、民间文艺保护和发展基金。研究完善中国遗传资源保护利用制度，建立生物遗传资源获取的信息披露、事先知情同意和惠益分享制度。探索构建中医药知识产权综合保护体系，建立医药传统知识保护名录。建立民间文艺作品的使用保护制度。

6. 加强新领域新业态知识产权保护。加大宽带移动互联网、云计算、物联网、大数据、高性能计算、移动智能终端等领域的知识产权保护力度。强化在线监测，深入开展打击网络侵权假冒行为专项行动。加强对网络服务商传播影视剧、广播电视节目、音乐、文学、新闻、软件、游戏等监督管理工作，积极推进网络知识产权保护协作，将知识产权执法职责与电子商务企业的管理责任结合起来，建立信息报送、线索共享、案件研判和专业培训合作机制。

7. 加强民生领域知识产权保护。加大对食品、药品、环境等领域的知识产权保护力度，健全侵权假冒快速处理机制。建立健全创新药物、新型疫苗、先进医疗装备等领域的知识产权保护长效工作机制。加强污染治理和资源循环利用等生态环保领域的专利保护力度。开展知识产权保护进乡村专项行动，建立县域及乡镇部门协作执法机制和重大案件联合督办制度，加强农村市场知识产权行政执法条件建设。针对电子、建材、汽车配件、小五金、食品、农资等专业市场，加大对侵权假冒商品的打击力度，严堵侵权假冒商品的流通渠道。

### 专栏2 知识产权保护工程

开展系列专项行动。重点打击侵犯注册商标专用权、擅自使用他人知名商品特有名称包装装潢、冒用他人企业名称或姓名等仿冒侵权违法行为。针对重点领域开展打击侵权盗版专项行动，突出大案要案查处、重点行业专项治理和网络盗版监管，持续开展“红盾网剑”、“剑网”专项行动，严厉打击网络侵权假冒等违法行为。开展打击侵犯植物新品种权和制售假劣种子行为专项行动。

推进跨部门跨领域跨区域执法协作。加大涉嫌犯罪案件移交工作力度。开展与相关国际组织和境外执法部门的联合执法。加强大型商场、展会、电子商务、进出口等领域知识产权执法维权工作。

加强“12330”维权援助与举报投诉体系建设。强化“12330”平台建设，拓展维权援助服务渠道。提升平台服务质量，深入对接产业联盟、行业协会。

完善知识产权快速维权机制。加快推进知识产权快速维权中心建设，提升工作质量与效率。推进快速维权领域由单一行业向多行业扩展、类别由外观设计向实用新型专利和发明专利扩展、区域由特定地区向省域辐射，在特色产业集聚区和重点行业建立一批知识产权快速维权中心。

推进知识产权领域信用体系建设。推进侵权纠纷案件信息公示工作，严格执行公示标准。将故意侵权行为纳入社会信用评价体系，明确专利侵权等信用信息的采集规则和使用方式，向征信机构公开相关信息。积极推动建立知识产权领域信用联合惩戒机制。

## （三）提高知识产权质量效益。

1. 提高专利质量效益。建立专利申请质量监管机制。深化专利代理领域改革。健全专利审查质量管理机制。优化专利审查流程与方式。完善专利审查协作机制。继续深化专利审查业务国际合作，拓展“专利审查高速路”国际合作网络。加快建设世界一流专利审查机构。加强专利活动与经济效益之间的关联评价。完善专利奖的评审与激励政策，发挥专利奖标杆引领作用。

### 专栏3　专利质量提升工程

提升发明创造和专利申请质量。在知识产权强省、强市建设和有关试点示范工作中强化专利质量评价和引导。建立专利申请诚信档案，持续开展专利申请质量监测与反馈。

提升专利审查质量。加强审查业务指导体系和审查质量保障体系建设。完善绿色技术专利申请优先审查机制。做好基于审查资源的社会服务工作。构建专利审查指南修订常态化机制。改进审查周期管理，满足创新主体多样化需求。加强与行业协会、代理人、申请人的沟通，形成快捷高效的外部质量反馈机制，提高社会满意度。加大支撑专利审查的信息化基础设施建设。

提升专利代理质量。深化专利代理领域“放管服”改革，提高行业管理水平。强化竞争机制和行业自律，加大对代理机构和代理人的执业诚信信息披露力度。针对专利代理机构的代理质量构建反馈、评价、约谈、惩戒机制。

提升专利运用和保护水平。加快知识产权运营公共服务平台体系建设，为专利转移转化、收购托管、交易流转、质押融资、专利导航等提供平台支撑，提高专利运用效益。制定出台相关政策，营造良好的专利保护环境，促进高质量创造和高价值专利实施。

2. 实施商标战略。提升商标注册便利化水平，优化商标审查体系，建立健全便捷高效的商标审查协作机制。提升商标权保护工作效能，为商标建设营造公平竞争的市场环境。创新商标行政指导和服务监管方式，提升企业运用商标制度能力，打造知名品牌。研究建立商标价值评估体系，构建商标与国民生产总值、就业规模等经济指标相融合的指标体系。建立国家商标信息库。

3. 打造精品版权。全面完善版权社会服务体系，发挥版权社会服务机构的作用。推动版权资产管理制度建设。建立版权贸易基地、交易中心工作协调机制。充分发挥全国版权示范城市、单位、园区（基地）的示范引导作用。打造一批规模化、集约化、专业化的版权企业，带动版权产业健康快速发展。鼓励形成一批拥有精品品牌的广播影视播映和制作经营机构，打造精品影视节目版权和版权产业链。鼓励文化领域商业模式创新，大力发展版权代理和版权经纪业务，促进版权产业和市场的发展。

4. 加强地理标志、植物新品种和集成电路布图设计等领域知识产权工作。建立地理标志联合认定机制，加强我国地理标志在海外市场注册和保护工作。推动建立统筹协调的植物新品种管理机制，推进植物新品种测试体系建设，加快制定植物新品种测试指南，提高审查测试水平。加强种子企业与高校、科研机构的协作创新，建立授权植物新品种的基因图谱数据库，为维权取证和执法提供技术支撑。完善集成电路布图设计保护制度，优化集成电路布图设计的登记和撤销程序，充分发挥集成电路布图设计制度的作用，促进集成电路产业升级发展。

### （四）加强知识产权强省、强市建设。

1. 建成一批知识产权强省、强市。推进引领型、支撑型、特色型知识产权强省建设，发挥知识产权强省的示范带动作用。深入开展知识产权试点示范工作，可在国家知识产权示范城市、全国版权示范城市等基础上建成一批布局合理、特色明显的知识产权强市。进一步探索建设适合国情的县域知识产权工作机制。

2. 促进区域知识产权协调发展。推动开展知识产权区域布局试点，形成以知识产权资源为核心的配置导向目录，推进区域知识产权资源配置和政策优化调整。支持西部地区改善创新环境，加快知识产权发展，提升企业事业单位知识产权创造运用水平。制定实施支持东北地区等老工业基地振兴的知识产权政策，推动东北地区等老工业基地传统制造业转型升级。提升中部地区特色优势产业的知识产权水平。支持东部地区在知识产权运用方面积极探索、率先发展，培育若干带动区域知识产权协同发展的增长极。推动京津冀知识产权保护一体、运用协同、服务共享，促进创新要素自由合理流动。推进长江经济带知识产权建设，引导产业优化布局和分工协作。

3. 做好知识产权领域扶贫工作。加大对边远地区传统知识、遗传资源、民间文艺、中医药等领域知识产权的保护与运用力度。利用知识产权人才优势、技术优势和信息优势进一步开发地理标志产品，加强植物新品种保护，引导注册地理标志商标，推广应用涉农专利技术。开展知识产权富民工作，推进实施商标富农工程，充分发挥农产品商标和地理标志在农业产业化中的作用，培育一批知识产权扶贫精品项目。支持革命老区、民族地区、边疆地区、贫困地区加强知识产权机构建设，提升知识产权数量和保护水平。

### （五）加快知识产权强企建设。

1. 提升企业知识产权综合能力。推行企业知识产权管理国家标准，在生产经营、科技创新中加强知识产权全过程管理。完善知识产权认证制度，探索建立知识产权管理体系认证结果的国际互认机制。推动开展知识产权协同运用，鼓励和支持大型企业开展知识产权评议工作，在重点领域合作中开展知识产权评估、收购、运营、风险预警与应对。切实增强企业知识产权意识，支持企业加大知识产权投入，提高竞争力。

2. 培育知识产权优势企业。出台知识产权优势企业建设指南，推动建立企业知识产权服务机制，引导优质服务力量助力企业形成知识产权竞争优势。出台知识产权示范企业培育指导性文件，提升企业知识产权战略管理能力、市场竞争力和行业影响力。

3. 完善知识产权强企工作支撑体系。完善知识产权资产的财务、评估等管理制度及相关会计准则，引导企业发布知识产权经营报告书。提升企业知识产权资产管理能力，推动企业在并购重组、股权激励、对外投资等活动中的知识产权资产管理。加强政府、企业和社会的协作，引导企业开展形式多样的知识产权资本化运作。

**专栏4 知识产权强企工程**

推行企业知识产权管理规范。建立政策引导、咨询服务和第三方认证体系。培养企业知识产权管理专业化人才队伍。

制定知识产权强企建设方案。建立分类指导的政策体系，塑造企业示范典型，培育一批具备国际竞争优势的知识产权领军企业。实施中小企业知识产权战略推进工程，加大知识产权保护援助力度，构建服务支撑体系，扶持中小企业创新发展。

鼓励企业国际化发展。引导企业开展海外知识产权布局。发挥知识产权联盟作用，鼓励企业将专利转化为国际标准。促进知识产权管理体系标准、认证国际化。

### （六）推动产业升级发展。

1. 推动专利导航产业发展。深入实施专利导航试点工程，引导产业创新发展，开展产业知识产权全球战略布局，助推产业提质增效升级。面向战略性新兴产业，在新材料、生物医药、物联网、新能源、高端装备制造等领域实施一批产业规划类和企业运营类专利导航项目。在全面创新改革试验区、自由贸易试验区、中外合作产业园区、知识产权试点示范园区等重点区域，推动建立专利导航产业发展工作机制。

2. 完善“中国制造”知识产权布局。围绕“中国制造2025”的重点领域和“互联网＋”行动的关键环节，形成一批产业关键核心共性技术知识产权。实施制造业知识产权协同运用推进工程，在制造业创新中心建设等重大工程实施中支持骨干企业、高校、科研院所协同创新、联合研发，形成一批产业化导向的专利组合，强化创新成果转化运用。

3. 促进知识产权密集型产业发展。制定知识产权密集型产业目录和发展规划，发布知识产权密集型产业的发展态势报告。运用股权投资基金等市场化方式，引导社会资金投入知识产权密集型产业。加大政府采购对知识产权密集型产品的支持力度。鼓励有条件的地区发展知识产权密集型产业集聚区，构建优势互补的产业协调发展格局。建设一批高增长、高收益的知识产权密集型产业，促进产业提质增效升级。

4. 支持产业知识产权联盟发展。鼓励组建产业知识产权联盟，开展联盟备案管理和服务，建立重点产业联盟管理库，对联盟发展状况进行评议监测和分类指导。支持成立知识产权服务联盟。属于社会组织的，依法履行登记手续。支持联盟构筑和运营产业专利池，推动形成标准必要专利，建立重点产业知识产权侵权监控和风险应对机制。鼓励社会资本设立知识产权产业化专项基金，充分发挥重点产业知识产权运营基金作用，提高产业知识产权运营水平与国际竞争力，保障产业技术安全。

5. 深化知识产权评议工作。实施知识产权评议工程，研究制定相关政策。围绕国家重大产业规划、政府重大投资项目等开展知识产权评议，积极探索重大科技经济活动知识产权评议试点。建立国家科技计划（专项、基金等）知识产权目标评估制度。加强知识产权评议专业机构建设和人才培养，积极推动评议成果运用，建立重点领域评议报告发布机制。推动制定评议服务相关标准。鼓励和支持行业骨干企业与专业机构在重点领域合作开展评议工作，提高创新效率，防范知识产权风险。

### 专栏5　知识产权评议工程

推进重点领域知识产权评议工作。加强知识产权主管部门与产业主管部门间的沟通协作，围绕国家科技重大专项以及战略性新兴产业，针对高端通用芯片、高档数控机床、集成电路装备、宽带移动通信、油气田、核电站、水污染治理、转基因生物新品种、新药创制、传染病防治等领域的关键核心技术深入开展知识产权评议工作，及时提供或发布评议报告。

提升知识产权评议能力。制定发布重大经济活动评议指导手册和分类评议实务指引，规范评议范围和程序。实施评议能力提升计划，支持开发评议工具，培养一批评议人才。

培育知识产权评议服务力量。培育知识产权评议服务示范机构，加强服务供需对接。推动评议服务行业组织建设，支持制定评议服务标准，鼓励联盟实施行业自律。加强评议服务机构国际交流，拓展服务空间。

6. 推动军民知识产权转移转化。加强国防知识产权保护，完善国防知识产权归属与利益分配机制。制定促进知识产权军民双向转化的指导意见。放开国防知识产权代理服务行业，建立和完善相应的准入退出机制。推动国防知识产权信息平台建设，分类建设国防知识产权信息资源，逐步开放检索。营造有利于军民协同创新、双向转化的国防科技工业知识产权政策环境。建设完善国防科技工业知识产权平台，完成专利信息平台建设，形成更加完善的国防科技工业专利基础数据库。

## （七）促进知识产权开放合作。

1. 加强知识产权国际交流合作。进一步加强涉外知识产权事务的统筹协调。加强与经贸相关的多双边知识产权对外谈判、双边知识产权合作磋商机制及国内立场的协调等工作。积极参与知识产权国际规则制定，加快推进保护广播组织条约修订，推动公共健康多哈宣言落实和视听表演北京条约尽快生效，做好我国批准马拉喀什条约相关准备工作。加强与世界知识产权组织、世界贸易组织及相关国际组织的交流合作。拓宽知识产权公共外交渠道。继续巩固发展知识产权多双边合作关系，加强与“一带一路”沿线国家、金砖国家的知识产权交流合作。加强我驻国际组织、主要国家/地区外交机构中涉知识产权事务的人才储备和人力配备。

2. 积极支持创新企业“走出去”。健全企业海外知识产权维权援助体系。鼓励社会资本设立中国企业海外知识产权维权援助服务基金。制定实施应对海外产业重大知识产权纠纷的政策。完善海外知识产权信息服务平台，发布相关国家/地区知识产权制度环境等信息。支持企业广泛开展知识产权跨国交易，推动有自主知识产权的服务和产品“走出去”。继续开展外向型企业海外知识产权保护以及纠纷应对实务培训。

### 专栏6　知识产权海外维权工程

健全风险预警机制。推动企业在人才引进、国际参展、产品和技术进出口、企业并购等活动中开展知识产权风险评估，提高企业应对知识产权纠纷能力。加强对知识产权案件的跟踪研究，及时发布风险提示。

建立海外维权援助机制。加强中国保护知识产权海外维权信息平台建设。发布海外知识产权服务机构和专家名录及案例数据库。建立海外展会知识产权快速维权长效机制，组建海外展会快速维权中心，建立海外展会快速维权与常规维权援助联动的工作机制。

## 五、重大专项

### （一）加强知识产权交易运营体系建设。

1. 完善知识产权运营公共服务平台。发挥中央财政资金引导作用，建设全国知识产权运营公共服务平台，依托文化产权、知识产权等无形资产交易场所开展版权交易，审慎设立版权交易平台。出台有关行业管理规则，加强对知识产权交易运营的业务指导和行业管理。以知识产权运营公共服务平台为基础，推动建立基于互联网、基础统一的知识产权质押登记平台。

2. 创新知识产权金融服务。拓展知识产权质押融资试点内容和工作范围，完善风险管理以及补偿机制，鼓励社会资本发起设立小微企业风险补偿基金。探索开展知识产权证券化和信托业务，支持以知识产权出资入股，在依法合规的前提下开展互联网知识产权金融服务，加强专利价值分析与应用效果评价工作，加快专利价值分析标准化建设。加强对知识产权质押的动态管理。

3. 加强知识产权协同运用。面向行业协会、高校和科研机构深入开展专利协同运用试点，建立订单式发明、投放式创新的专利协同运用机制。培育建设一批产业特色鲜明、优势突出，具有国际影响力的专业化知识产权运营机构。强化行业协会在知识产权联合创造、协同运用、合力保护、共同管理等方面的作用。鼓励高校和科研机构强化知识产权申请、运营权责，加大知识产权转化力度。引导高校院所、企业联合共建专利技术产业化基地。

**专栏7　知识产权投融资服务工程**

建设全国知识产权运营公共服务体系。推进知识产权运营交易全过程电子化，积极开展知识产权运营项目管理。加快培育国家专利运营试点企业，加快推进西安知识产权军民融合试点、珠海知识产权金融试点及华北、华南等区域知识产权运营中心建设。

深化知识产权投融资工作。优化质押融资服务机制，鼓励有条件的地区建立知识产权保险奖补机制。研究推进知识产权海外侵权责任保险工作。深入开展知识产权质押融资风险补偿基金和重点产业知识产权运营基金试点。探索知识产权证券化，完善知识产权信用担保机制，推动发展投贷联动、投保联动、投债联动等新模式。创新知识产权投融资产品。在全面创新改革试验区引导创业投资基金、股权投资基金加强对知识产权领域的投资。

创新管理运行方式。支持探索知识产权创造与运营的众包模式，鼓励金融机构在风险可控和商业可持续的前提下，基于众创、众包、众扶等新模式特点开展金融产品和服务创新，积极发展知识产权质押融资，促进“互联网+”知识产权融合发展。

## （二）加强知识产权公共服务体系建设。

1. 提高知识产权公共服务能力。建立健全知识产权公共服务网络，增加知识产权信息公共服务产品供给。推动知识产权基础信息与经济、法律、科技、产业运行等其他信息资源互联互通。实施产业知识产权服务能力提升行动，创新对中小微企业和初创型企业的服务方式。发展“互联网+”知识产权服务等新模式，培育规模化、专业化、市场化、国际化的知识产权服务品牌机构。

2. 建设知识产权信息公共服务平台。实现专利、商标、版权、集成电路布图设计、植物新品种、地理标志以及知识产权诉讼等基础信息资源免费或低成本开放共享。运用云计算、大数据、移动互联网等技术，实现平台知识产权信息统计、整合、推送服务。

### 专栏8　知识产权信息公共服务平台建设工程

建设公共服务网络。制定发布知识产权公共服务事项目录和办事指南。增加知识产权信息服务网点，加强公共图书馆、高校图书馆、科技信息服务机构、行业组织等的知识产权信息服务能力建设。

创建产业服务平台。依托专业机构创建一批布局合理、开放协同、市场化运作的产业知识产权信息公共服务平台，在中心城市、自由贸易试验区、国家自主创新示范区、国家级高新区、国家级经济技术开发区等提供知识产权服务。在众创空间等创新创业平台设置知识产权服务工作站。

整合服务和数据资源。整合知识产权信息资源、创新资源和服务资源，推进实体服务与网络服务协作，促进从研发创意、知识产权化、流通化到产业化的协同创新。建设专利基础数据资源开放平台，免费或低成本扩大专利数据的推广运用。建立财政资助项目形成的知识产权信息和上市企业知识产权信息公开窗口。

3. 建设知识产权服务业集聚区。在自由贸易试验区、国家自主创新示范区、国家级高新区、中外合作产业园区、国家级经济技术开发区等建设一批国家知识产权服务业集聚区。鼓励知识产权服务机构入驻创新创业资源密集区域，提供市场化、专业化的服务，满足创新创业者多样化需求。针对不同区域，加强分类指导，引导知识产权服务资源合理流动，与区域产业深度对接，促进经济提质增效升级。

4. 加强知识产权服务业监管。完善知识产权服务业统计制度，建立服务机构名录库。成立知识产权服务标准化技术组织，推动完善服务标准体系建设，开展标准化试点示范。完善专利代理管理制度，加强事中事后监管。健全知识产权服务诚信信息管理、信用评价和失信惩戒等管理制度，及时披露相关执业信息。研究建立知识产权服务业全国性行业组织。具备条件的地方，可探索开展知识产权服务行业协会组织“一业多会”试点。

## （三）加强知识产权人才培育体系建设。

1. 加强知识产权人才培养。加强知识产权相关学科专业建设，支持高等学校在管理学和经济学等学科中增设知识产权专业，支持理工类高校设置知识产权专业。加强知识产权学历教育和非学历继续教育，加强知识产权专业学位教育。构建政府部门、高校和社会相结合的多元知识产权教育培训组织模式，支持行业组织与专业机构合作，加大实务人才培育力度。加强国家知识产权培训基地建设工作，完善师资、教材、远程系统等基础建设。加大对领导干部、企业家和各类创新人才的知识产权培训力度。鼓励高等学校、科研院所开展知识产权国际学术交流，鼓励我国知识产权人才获得海外相应资格证书。推动将知识产权课程纳入各级党校、行政学院培训和选学内容。

2. 优化知识产权人才成长体系。加强知识产权高层次人才队伍建设，加大知识产权管理、运营和专利信息分析等人才培养力度。统筹协调知识产权人才培训、实践和使用，加强知识产权领军人才、国际化专业人才的培养与引进。构建多层次、高水平的知识产权智库体系。探索建立行业协会和企业事业单位专利专员制度。选拔一批知识产权创业导师，加强创新创业指导。

3. 建立人才发现与评价机制。建立人才引进使用中的知识产权鉴定机制，利用知识产权信息发现人才。完善知识产权职业水平评价制度，制定知识产权专业人员能力素质标准。鼓励知识产权服务人才和创新型人才跨界交流和有序流动，防范人才流动法律风险。建立创新人才知识产权维权援助机制。

### （四）加强知识产权文化建设。

1. 加大知识产权宣传普及力度。健全知识产权新闻发布制度，拓展信息发布渠道。组织开展全国知识产权宣传周、中国专利周、绿书签、中国国际商标品牌节等重大宣传活动。丰富知识产权宣传普及形式，发挥新媒体传播作用。支持优秀作品创作，推出具有影响力的知识产权题材影视文化作品，弘扬知识产权正能量。

2. 实施知识产权教育推广计划。鼓励知识产权文化和理论研究，加强普及型教育，推出优秀研究成果和普及读物。将知识产权内容全面纳入国家普法教育和全民科学素养提升工作。

#### 专栏9　知识产权文化建设工程

加强宣传推广。利用新媒体，加强知识产权相关法律法规、典型案例的宣传。讲好中国知识产权故事，推出具有影响力的知识产权主题书籍、影视作品，挖掘报道典型人物和案例。

加强普及型教育。开展全国中小学知识产权教育试点示范工作，建立若干知识产权宣传教育示范学校。引导各类学校把知识产权文化建设与学生思想道德建设、校园文化建设、主题教育活动紧密结合，增强学生的知识产权意识和创新意识。

繁荣文化和理论研究。鼓励支持教育界、学术界广泛参与知识产权理论体系研究，支持创作兼具社会及经济效益的知识产权普及读物，增强知识产权文化传播的针对性和实效性，支撑和促进中国特色知识产权文化建设。

## 六、实施保障

### （一）加强组织协调。

各地区、各相关部门要高度重视，加强组织领导，明确责任分工，结合实际细化落实本规划提出的目标任务，制定专项规划、年度计划和配套政策，推动规划有效落实。加强统筹协调，充分发挥国务院知识产权战略实施工作部际联席会议制度作用，做好规划组织实施工作。全国打击侵犯知识产权和制售假冒伪劣商品工作领导小组要切实加强对打击侵犯知识产权和制售假冒伪劣商品工作的统一组织领导。各相关部门要依法履职，认真贯彻落实本规划要求，密切协作，形成规划实施合力。

### （二）加强财力保障。

加强财政预算与规划实施的相互衔接协调，各级财政按照现行经费渠道对规划实施予以合理保障，鼓励社会资金投入知识产权各项规划工作，促进知识产权事业发展。统筹各级各部门与知识产权相关的公共资源，突出投入重点，优化支出结构，切实保障重点任务、重大项目的落实。

### （三）加强考核评估。

各地区、各相关部门要加强对本规划实施情况的动态监测和评估工作。国务院知识产权战略实施工作部际联席会议办公室要会同相关部门按照本规划的部署和要求，建立规划实施情况的评估机制，对各项任务落实情况组织开展监督检查和绩效评估工作，重要情况及时报告国务院。